KLAUS FREUND · ICH KAUFE EIN SEGELBOOT

KLAUS FREUND

Ich kaufe ein Segelboot

Eine Kaufberatung

4. Auflage

VERLAG KLASING & CO GMBH · BIELEFELD

ISBN 3-87412-018-X

Einbandgestaltung: Siegfried Berning

Druck: Kunst- und Werbedruck, Bad Oeynhausen-Eidinghausen

Inhalt

Statt Vorwort 7
Schlauchboot oder Rennyacht? Das ist die Frage. Ein „Badezimmer-Test“ für Kajüt-Interessenten

Erfahrungen 17
Erst Erfahrungen sammeln, dann kaufen. Eine Kajüte allein macht noch nicht glücklich. „Lahme Enten“ und das Angebot auf Ausstellungen

Orientierung 21
Werbung und Wahrheit 21
Bekannte fragen 22
Segelschulen 23
Clubs 25
Klassenvereinigungen 26
Literatur 27

Vor-Auswahl 28
Wunsch und Wirklichkeit 28
Schlauch- oder Faltboot 29
Autodach-Jollen 30
Jollen 32
Jollenkreuzer 34
Kleine Kajütkielboote 36
Größere Kajütkielboote 38
Kajütboote von 6 bis 7 m Länge 42
Kajütboote von 7 bis 8 m Länge 45
Kajütboote von über 8 m Länge 47
Komfort, Ausrüstung, Sicherheit 50

Klassen 52
Vorschriften 53
Einheitsklassen, Grenzmaßklassen, Formelklassen, Ausgleichsklassen

Anerkannte Bootsklassen 61

Wertverlust 73
Sachverständige, Germanischer Lloyd, Regattaboote, Klassenboote, klassenlose Boote

Konstruktion 79
Baumaterial 79
Vollholz, Sperrholz, Kunststoff, Stahl, andere Baustoffe
Der Rumpf 87
Knickspant, Rundspant, Kiel/Ruder-Anordnung, Wasserlinienlänge, Breite, Sicherheit bei Jollen
Das Rigg 92
Cattakelage, flexibles Rigg, Sluptakelage, Segel, Kosten pro qm, Segelfläche ist nicht gleich Segelfläche, Reffeinrichtungen
Geschwindigkeit 97
Segeltragvermögen, Segelfläche im Verhältnis zur Bootsgröße, Erfahrungsbeiwert
Beschläge und Ausrüstung 100
Kajüte 103
Vorschiff, WC und Schrankraum, Kajüte oder Salon, Pantry, Kartentisch, Beleuchtung
Motor 109
Außenborder, Schachtmotor, Einbaumotor, Wankel, Zweitakter, „Benziner“, Diesel, Vorsichtsmaßnahmen

Der Preis 117
Service 117
Zahlungsweise 118
Kredit 119
Preisgestaltung 120

Anhang 126
Checkliste 126
Checkliste für Jollen 129
Checkliste für Kajütkielboote 134

Statt Vorwort

Sie können dieses Boot . . .

. . . dieses Boot . . .

. . . oder auch dieses Boot . . .

. . . aber auch dieses . . .

. . . Boot besitzen. Natürlich auch andere. Und keiner wird allen Ernstes und mit gutem Gewissen behaupten können, Sie hätten sich ins falsche Boot gesetzt. Segeln kann in allen Spaß machen. Sicher gibt es Unterschiede. Aber nicht jeder stellt von Anfang an die gleichen Ansprüche und hat vor allem nicht die gleichen Mittel und Möglichkeiten.

Nehmen wir das besegelte Schlauch- oder Faltboot zum Beispiel. Es ist zwar nicht billiger als eine kleine Jolle, aber es läßt sich gut verpacken und somit auf dem Autodach oder sogar im Kofferraum transportieren. Wer nur einmal schnell an das eine oder andere Gewässer gelangen will, um dort herumzuschippern, und den etwas umständlicheren Anhängerbetrieb nicht mag, für den kann dieser Bootstyp gerade richtig sein. Auch wer ständig einen Wohnanhänger schleppt und zusätzlich ein Boot mitnehmen will, wird beim „Gummikreuzer" landen. Auch ein Segelbrett — viel sportlicher als ein Schlauchboot — läßt sich leicht transportieren.

Der Finn-Dinghy-Segler wird ebenfalls seine guten Gründe haben. Das Boot entspricht sicher seinem Geldbeutel, sonst hätte er sich vielleicht einen Flying Dutchman (FD) gekauft. Im Anhängerbetrieb kann er das Boot von Revier zu Revier bringen. Möglicherweise liegt es auch die meiste Zeit in einem Club. Auf alle Fälle hat er sportliche Ambitionen und weiß, daß ihm in dieser Klasse viele Konkurrenzen mit noch mehr Konkurrenten geboten werden. Schließlich hat er keine Mannschaftssorgen und braucht auf niemand Rücksicht zu nehmen.

Der Soling-Segler träumt vielleicht von olympischen Ehren. Auch wenn es nur Träume sind, so beflügeln sie doch den seglerischen Ehrgeiz. Sicher hat der Soling-Eigner eine Wohnung oder zumindest eine Unterkunft in Seenähe und einen festen Liegeplatz in einem Club. Und jagt er tatsächlich ernsthaft den Pokalen nach, dann kann er sich zweifellos auch Auto, Trailer und viel Zeit leisten, um von Revier zu Revier zu ziehen. Außerdem muß er ein Team, eine Crew, haben, die immer da ist, wenn er sie braucht. Zu einer aktiven Regattacrew gehören gute Segler, die mindestens ebenso bereit sein müssen wie der Eigner selbst, Zeit und Geld für diesen herrlichen Sport aufzubringen.

Kommen wir schließlich zu den Seglern, die in ein Kajütboot eingestiegen sind. Möglicherweise haben sie es vermessen lassen, um gelegentlich auch einmal an einer Regatta teilzunehmen. Vermutlich haben sie einen festen Liegeplatz, vielleicht sogar weitab vom Wohnort. Sie brauchen also auf dem Wasser ein festes Dach überm Kopf. Sicher soll auch die Familie dabei sein, damit Vater, der eventuell während der Woche nur Gastrollen zu Hause gibt, nicht auch noch am Wochenende spurlos verschwindet. Oder man möchte — je nach Bootsgröße — Seetörns mit der Familie oder auch mit Freunden machen. Dem Mann bleibt gar keine andere Bootswahl. Und warum sollte er damit nicht ebensoviel Spaß am Segeln haben wie mit einem „reinrassigen" Rennboot?

Vier Musterbeispiele. Und in allen vieren ist kein „Wurm" zu finden, wenn man die individuellen Verhältnisse betrachtet. Und darum geht es hier: Das richtige Boot für die gegebenen Verhältnisse zu kaufen. Alles andere kostet unnötig Geld und kann den Spaß am Segeln in alle Ewigkeit verderben. Es wäre wirklich ein Jammer.

Das Buch richtet sich speziell an diejenigen, die zum erstenmal mit dem Kauf eines Segelboots liebäugeln. Sicher auch noch an solche, die beim ersten Kauf grandios danebengegriffen haben und nun, um Erfahrung kaum reicher, Gefahr laufen, den ersten Fehler zwar zu vermeiden, aber dafür einen neuen zu machen.

Seien wir ehrlich. So ist es doch vielfach: Das Einkommen reicht fürs Essen, auch für den Kühlschrank, der Schrank hängt voller Kleidung, die Wohnung ist eingerichtet, das Auto steht vor der Tür. Jetzt hätte man eigentlich auch das Geld für ein Segelboot. Die Bilder vom letzten Urlaub sind unvergessen, als man selbst am Ufer saß und auf einer glatten, sonnengleißenden See im milden Wind die Jollen und Kajütyachten lautlos über das Wasser gleiten sah. Das wäre doch gelacht, so etwas müßte man sich doch auch leisten können! Daß nicht-seetüchtige Boote mit unerfahrenen Besatzungen bei den ersten heftigen Böen in den Bach gingen, hatte man nicht mehr gesehen.

So kommt ganz ungetrübt die Zeit des Prospektstudiums. Fotos und Texte verheißen ungeahnte Freuden fernab der berüchtigt überfüllten Straßen

und Campingplätze. Minikajütboote jagen bei Windstärke 8 spielend in Gleitfahrt über mannshohe Wellen und Platz darauf ist auch noch für die ganze Familie, sogar zum Schlafen, Kochen, Wohnen. Und natürlich kostet es nicht mehr als ein schlichter Mittelklassewagen, von dem das Boot auch noch über die Alpen zum Mittelmeer geschleppt werden kann. Wer es glaubt, kommt vielleicht sogar in den Segler-Himmel!
Dann geht es zur nächsten Bootsausstellung. Die Frau ist längst weichgeknetet. Möglicherweise nickt sie Zustimmung in stiller Duldermiene — Vater sieht das in seiner Begeisterung gar nicht mehr — und gibt nach um des lieben Friedens willen. Die Kinder sind natürlich Feuer und Flamme für die in Aussicht gestellte Abwechslung. Sie würden sogar einem besegelbaren Floß ihre Zustimmung geben — und die ersten sein, die mit ihrem Geschrei das Leben an Bord unerträglich machen, weil es in Wirklichkeit viel langweiliger ist und man ständig stiller sitzen muß als zu Hause.
Und nun die Bootsausstellung. Da stehen und da liegen sie. Wenigstens 1000 Boote, oft noch mehr. Bunt und glitzernd. Für ein paar hundert Mark, ein paar tausend Mark, für zig tausend Mark. Aus Gummi, aus Kunststoff, aus Holz, aus Stahl. Ohne Kajüte, mit Kajüte, ohne Kiel, mit Kiel, ja sogar mit zwei Kielen oder dreien, ohne Motor, mit Motor.
Ziehen wir eine Parallele. Der Autokauf ist ein Kinderspiel dagegen. Zunächst würde keiner ein Auto kaufen, wenn er noch keinen Führerschein besitzt. An den Autokauf geht man mit Vorkenntnissen. Außerdem sieht man die meisten tagtäglich im Verkehr und bei den Nachbarn. Ihre genauen Daten sind bekannter als das Grundgesetz der Bundesrepublik Deutschland. Fachzeitschriften und Tageszeitungen, Radio und Fernsehen berichten laufend, bringen Tests. Technische Daten und Meßwerte geben klare Aufschlüsse.
Die Anschaffungskosten für Automobile sind trotz Mehrwertsteuer und Extra-Versionen und -Varianten noch zu durchschauen. Einen Kleinwagen kauft man als Zweitwagen, weil er sich für Stadtfahrten eignet oder weil das Geld nicht für einen größeren reicht. Für Langstrecken kauft man sich einen Reisewagen, weil man das Geld dafür hat oder die Ausgaben sogar von der Steuer absetzen kann.

Mit dem Kleinwagen kann man aber auch reisen. Nach Hamburg, zum Nordkap oder auch ins wilde Turkistan. Eben nur langsamer und unbequemer als in einem entsprechend größeren Fahrzeug. Mit dem Kleinwagen braucht man Geduld und vielleicht ein besseres Sitzvermögen. Geht er unterwegs kaputt, ist die nächste Werkstatt meist nicht fern. Notfalls fährt man mit der Bahn oder einem Mietwagen weiter. Man kann aussteigen und in ein Hotel ziehen.

Zurück zu den Booten. Auch hier gibt es kleine und große. Doch wenn Sie mit einer Viermeterjolle nach Helgoland segeln wollen, dann sind Sie schon ein potentieller Selbstmörder. Wer nicht begreift, daß er unterwegs weder aussteigen noch zu Fuß zum nächsten Ort gehen kann, den sollte man unter Verschluß nehmen.

Ein anderes Beispiel. Da ist das sechs Meter lange Boot mit Kajüte — oder was der Verkäufer so nennt. Angeblich können Sie mit Ihrer Frau und zwei Kindern darauf bequem zu einem Urlaubstörn auslaufen. Legen Sie den Prospekt zur Seite. Ich empfehle Ihnen einen Test, eine Art Trokkenkursus. Stecken Sie Ihre Familie ins Badezimmer, nehmen Sie den Lebensmittelvorrat für drei Tage mit, Luftmatratzen und einen Camping-Kocher. Nun schließen Sie ab. Keiner darf raus, keiner darf rein. Machen Sie nach 24 Stunden einen harmlosen Witz. Wenn die liebe Familie noch lacht, dann kaufen Sie das Boot. Denken Sie aber daran, daß das Badezimmer eventuell die unschätzbaren Vorteile eines WC, fließenden Wassers und der Stehhöhe bietet. Ein Kinderspiel im Vergleich zu der Hundehütte, die Ihnen bei manchen Segelbooten angeboten wird.

Das ist mehr als nur ein Vorwort. Aber genau um diese Dinge geht es. Auch wenn Sie es bis jetzt nicht glauben wollten. Und wenn Sie am Ende des Buches nicht mehr sagen müssen „ja, hätte ich das gewußt", dann hat es schon fast seinen Zweck erfüllt.

In diesem Sinne — Ihr Klaus Freund

Stuttgart, August 1968

Zur zweiten Auflage

Die recht bald notwendig gewordene zweite Auflage bietet die günstige Gelegenheit, einige neue Entwicklungen zu berücksichtigen. Für den Anfänger ist es zwar nicht entscheidend, daß die Soling nunmehr den 5,5er auf der Olympiade 1972 ersetzen wird, dennoch ist es gut, auch über diese Entwicklungen informiert zu sein. Wichtiger für den Kajütboot-Interessenten ist, daß die recht unterschiedlichen nationalen Formeln, also auch die KR-Formel, voraussichtlich im nächsten Jahr durch eine neue gemeinsame Weltformel ersetzt werden. Entsprechende Ergänzungen wurden in die betreffenden Kapitel eingefügt.

Ein Leser regte an, daß die genannten Bootstypen und -klassen in einer Art Vergleichstest miteinander verglichen werden. Das ist im Rahmen dieses Buches beim besten Willen nicht möglich, zumal die meisten Boote überhaupt nicht direkt miteinander vergleichbar sind. Fast jedes hat seine starken und schwachen Seiten und der „persönliche Fahrbetrieb“ spielt eben auch eine Rolle. Selbst Geschwindigkeitsvergleiche müssen meist hinken, da ein Boot ein besonders guter Flautenläufer ist, das andere dagegen erst bei Wind und Wellen seine Überlegenheit ausspielen kann. Aus den Anhaltspunkten wie Rumpfgeschwindigkeit, Segeltragvermögen usw. lassen sich ja die wichtigsten Schlüsse ziehen.

Bedanken möchte ich mich bei dieser Gelegenheit bei Herrn Dipl.-Ing. Günther Brandt, bekannter Berliner Konstrukteur und Mitglied des Technischen Ausschusses des DSV, für seinen Kommentar zur ersten Auflage. Seine Zustimmung hat mich besonders gefreut.

Bleibt nur zu hoffen, daß auch die zweite Auflage dazu beiträgt, vielen den ersten Schritt zum Segelbootbesitzer etwas zu erleichtern.

Stuttgart, April 1969

Klaus Freund

Zur dritten Auflage

Ganze vier Sommer sind dahingegangen. Nicht viel, möchte man meinen. Und doch hat sich gerade im Segelsport viel geändert. Die nationalen Formeln — wie KR — mußten endlich der internationalen IOR-Formel (International Offshore Rule) weichen. Zu den Viertel-, Halb- und Eintonnern gesellten sich Achtel- und jüngst Dreivierteltonner. Das Interesse an Booten nahm über Erwarten zu, trotz Alarmrufen hinsichtlich Liegeplatznot und Club-Mitgliedersperren. Offensichtlich fand noch jeder sein Plätzchen, wenn auch oft mit Mühe und Geduld. Die grundsätzlichen Erwägungen des Buches bleiben nach wie vor gültig. Dort aber, wo es um Klassen und Boote geht, vor allem um die nun nach IOR zu vermessenden, mußten ganze Teile ersetzt, ergänzt und neu bearbeitet werden.

Stuttgart, Januar 1973

Klaus Freund

Zur vierten Auflage

Die Entwicklung schreitet munter voran. Kunststoff gewinnt bei den Bootsbaumaterialien immer mehr die Oberhand. Der Leichtmetallmast gehört praktisch zur Standardausrüstung. Nicht zuletzt aufgrund der IOR-Formel entstanden neue Vorsegel, wie beispielsweise der Reacher. Auch in der Kajüteinteilung tat sich einiges. Neue Klassen schießen aus dem Boden der Werften, andere veralten, manche alten erleben einen neuen Sommer. All das führte dazu, daß auch die vierte Auflage dieses Buches in vielen Details wieder überarbeitet werden mußte.

Stuttgart, November 1976

Klaus Freund

Erfahrungen

Lassen Sie mich zunächst kurz nach achtern greifen und von einigen Erfahrungen berichten.

Die Zahl der Segler wächst derzeit schneller als je zuvor. Dem Drang zum Wasser kann die Bootsindustrie in jeder Weise behilflich sein. Ob immer mit gutem Gewissen, das ist eine andere Frage. Die Engpässe sind ganz anderer Natur. Die öffentlichen Einrichtungen, wenn wir sie einmal so nennen wollen, — das sind die Segelclubs, die Häfen oder Marinas und auch Verbände und Behörden — hinken hinter dem Bootsboom so her wie der Bundesstraßenbau hinter der Motorisierung.

Beim Kauf eines Bootes nimmt heute die Frage nach dem Liegeplatz einen wesentlichen Teil des Kaufgesprächs ein. Sie sollte vor der Neuanschaffung geklärt sein. Hinterher endet die Suche oft auf Grund der Zeitnot und der damit verbundenen Nervosität in einem zu teuren oder gar schlechten Liegeplatz. Wer es sich leisten kann, weicht mehr und mehr in Marinas aus, die an der Küste schneller aufblühen als im Binnenland, vor allem im Ausland und speziell am Mittelmeer. Zeit sollte man sich für die Suche lassen, Panik wäre jedoch unangebracht.

Ein anderer Umstand wiegt schwerer. Viele Käufer verfügen über eine leidliche Menge Geld. Sie haben Familie und wohnen relativ weit ab vom nächsten größeren Gewässer. Und man hat sich nun einmal dafür entschieden, daß Seefahrt not tut. Also wird ein Boot gekauft, gleich für die ganze Familie. Natürlich ein Kajütboot. Weil man noch nicht viel Ahnung vom Segeln hat und weiß, daß Schwertboote kentern können, wird es ein Kielboot und nicht etwa eine Jolle oder ein Jollenkreuzer.

Da liegt ein gutes Stück des bekannten Hasen im Pfeffer. Abgesehen von Naturtalenten reinsten Wassers lernt niemand das Segeln schnell oder leicht oder überhaupt auf einem doch meist recht behäbigen Kielboot. Oft genug wird der Anfänger im Kielboot sich schließlich einreden, daß „der Schlitten" einfach nicht läuft und damit jede Anstrengung, das Segeln richtig zu lernen — und nicht nur das Treibenlassen — an den Nagel hängen. Schade.

In der guten alten Zeit gab es, zumindest mehr als heute, so eine Art Seglerlebenslauf. So kenne ich es jedenfalls aus Tagen, die der Wind schon gute 30 Jahre verweht hat. Da trat man als Jugendmitglied in einen Club ein und war stolz, wenn man bei einem guten Regattasegler an der Vorschot zerren durfte. Besonders dankbar war man, wenn man einen Skipper erwischte, der einen so richtig in Trimm nahm. Machte man seine Sache gut und fand das Wohlgefallen der Club-Väter, dann durfte man nach einiger Zeit eine Club-Jolle übernehmen und in eigener Verantwortung sich und einen Vorschotmann für Regatten fit machen. Dazwischen war man immer wieder Crew-Mitglied auf einem größeren Club-Boot und konnte seine Kenntnisse erweitern. War es dann soweit, daß ein eigenes Boot zur Debatte stand, dann wußte man sehr präzise, was man wollte, was man damit anfangen und auch wo es seinen Liegeplatz haben würde. Zugegeben, das gibt es auch heute noch. Doch der Prozentsatz ist im Verhältnis zu den Seglern, die ohne große Vorkenntnisse ein Boot kaufen wollen, relativ gering geworden. Das ist zumindest mein Eindruck. Ich verstehe es auch, daß man sich nicht immer die Zeit nehmen will, sich einen Seglerlebenslauf zuzulegen. Aber wenigstens im Zeitraffer sollte man es versuchen. Die ein bis zwei Jahre, die man dafür benötigt, machen sich in mehr als einer Hinsicht bezahlt. Erstens einmal hat man so eine Art Fahrschule hinter sich gebracht. Zweitens spart man während dieser Zeit noch Geld und kann sich dann vielleicht gleich ein etwas teureres, dafür aber richtigeres Boot leisten. Und schließlich spart man gleich nochmals, indem man nicht vorschnell ein falsches Boot kauft.

Ein Beispiel für viele. Es ist wahrscheinlich in jedem Club zu finden. Und auf Ausstellungen hat man tagtäglich, ja fast stündlich damit zu tun. Da kommen gute Familienväter und besichtigen das Boot ihrer Träume. Allzuviel soll es für den Anfang nicht kosten. Aber, wie schon gesagt, Kajüte und Platz für die Familie muß vorhanden sein. Kielboot natürlich. Und wenn man sich auf der Ausstellung schnell mal hineinsetzt, dann beeindrucken die vier bis fünf Kojen. Alles in bester Ordnung. Doch versucht ein erfahrener Berater einzuwenden, daß das Ding vermutlich nicht gut läuft und überhaupt . . ., dann bekommt er prompt zu hören — ich kann's beschwören — „ich will ja nur so ein bißchen herumschippern, meinen Spaß haben und mit der Familie an Licht, Luft, Sonne und Wasser sein". Ich möchte fast ebenso schwören, daß 99 % dieser Segler schließlich doch nicht so den rechten Spaß am Boot und am Segeln finden werden. Glauben Sie mir. Selbst dem oft zitierten Sonntagssegler geht es mit der Zeit an die Nerven, wenn die anderen mit einem boshaften oder mitleidigen Lächeln dauernd an ihm vorbeisegeln. Spaß, sich einmal mit den anderen, und sei es nur in einer bescheidenen Clubfahrt, zu messen, stellt sich gar nicht ein. Es muß schon ein Mensch sein, der ganz wild auf Einsamkeit erpicht ist, wenn er auf die Dauer seine Freude an derart Segelei haben will.

Hätte ich das nicht oft genug gesehen, ich würde es hier bestimmt nicht so breittreten. Selbst wenn Sie sich heute noch geloben, nie seglerischen Ehrgeiz zu entwickeln und sich immer mit einem schwimmenden Wochenendheim zufrieden zu geben, können Sie sich Ihrer Sache doch nicht ganz sicher sein. Schon zu oft ist der Appetit beim Essen gekommen, auch die Ambitionen beim Segeln. Schließlich möchte keiner die trübste Ente auf dem Teich spielen.

Zum Schluß noch zu den Ausstellungen.

Auf den letzten Ausstellungen hatte ich den Eindruck, daß es eine ganze Anzahl Caravaner zum Wasser zieht. Ich weiß nicht, was ihnen mehr an die Nerven ging, der Wohnanhänger oder die Campingplätze. Jedenfalls wollen sie nun den Wohnanhänger gegen ein segelndes Heim tauschen. Andere wiederum sind sich noch nicht einmal einig, ob es ein Motor- oder ein Segelboot sein soll. Und auch das gibt es: Eine ganze Familie marschiert zielstrebig auf ein Boot zu. Vater wischt sich den Schweiß von der Stirn und macht es sich im Cockpit bequem. Er weiß ja eigentlich, was er gern möchte. Und das Boot wäre wohl richtig. Nur die bessere Hälfte muß noch überzeugt werden. Sie klettert in die Kajüte. Stehhöhe (sie hat gottlob Seglerformat, nicht über 1,70 m), große Kojen, WC, großer Tisch und eine prächtige Pantry. Ja, das gefällt. „Was kostet denn das Schiff?" „30000 DM!" Lange Gesichter. Die Familie zieht still von dannen.

Warum ist nun das eine Boot soviel teurer als die Konkurrenz? Jetzt könnte man mit dem Aufzählen anfangen: Pinnenarretierung, Spinnakereinrichtung, Genua, Reffeinrichtung, Unterlieksstrecker, Vorlieksstrecker, Baumniederholer, Seereling, volle elektrische Einrichtung, Einbaumotor, 100 Liter Wassertank mit Pumpe, abgeschottetes WC, Fender, Anker mit Kettenvorlauf und Leine, Festmacher und was es sonst noch alles gibt. Kunststoffrumpf an der Kajütinnenwand isoliert. Und so weiter. Das Boot ist wirklich komplett. Bei einem anderen muß man für Kojenpolster und Wasserpaß, um nur das schlimmste Beispiel zu nennen, extra bezahlen. Viele Käufer machen sich den Kauf zum Abenteuer, dem schlechten Verkäufer den Handel leicht und dem ernsthaften die Arbeit zur Tortur. Diese Käufer haben weder Erfahrungen gesammelt noch sich ausreichend orientiert.

Orientierung

Werbung und Wahrheit

Auf Ausstellungen wird viel verschwiegen, viel behauptet und noch mehr ... der Werbe-Lyrik sind manchmal anscheinend keine Grenzen gesetzt. Da hängen angeblich dickleibige kleine Kajütboote Rennyachten ab. Und die Boote der Konkurrenz lassen sich angeblich kaum auf Kurs halten. Ein Spezialist für vergleichende Werbung in der schlimmsten Art hätte auf Bootsausstellungen ein weites Betätigungsfeld.

Viele Bootskäufer stehen diesen Werbebehauptungen fast wehrlos gegenüber. Dabei wären die meisten dieser Behauptungen schon bei den einfachsten Kenntnissen zu durchschauen. Wenn beispielsweise eine Jolle mit kleiner Kajüteindeckung auf jeder Seite des Cockpits über drei Sitzplätze verfügt, dann ist sie noch lange nicht für sechs Personen geeignet. Eine Jolle hat ein Schwert, aber keinen Ballastkiel. Sie muß also bei Wind mit dem Gewicht der Segler ausbalanciert und einigermaßen aufrecht gehalten werden. Die Formstabilität eines breiten Rumpfes allein genügt dazu nicht. Wenn aber auf jeder Seite des Bootes drei Personen sitzen, wird das Ballastgewicht der in Luv sitzenden durch die in Lee sitzenden ausgeglichen. Das Boot kentert viel schneller, als wenn es nur von zwei Personen gesegelt würde, die ihr Ballastgewicht richtig einsetzen. Außerdem besteht für die Personen, die bei einer Kenterung in Lee sitzen, noch erhöhte Lebensgefahr. Sie können unter das Großsegel geraten, sich in herumschwimmenden Leinen verfangen und trotz Freischwimmerzeugnis ertrinken.

Ein Beispiel für viele, aber leider wahr, was die Werbung betrifft.

Bekannte fragen

Das wachsende Interesse am Segelsport hat den Vorteil, daß man heute und sicher noch mehr in der Zukunft im Bekanntenkreis auf jemanden trifft, der sich mit dem Segeln schon intensiver beschäftigt hat. Mit Seglern kann man immer ins Gespräch kommen. Welcher von ihnen würde nicht gern über sein Thema Nr. 1 diskutieren, vor allem wenn er merkt, daß er einen ernsthaften und interessierten Gesprächspartner hat.
Viel einfacher ist es natürlich mit Freunden. Da hat man sogar die gute Hoffnung, gelegentlich einmal auf einen Schlag mitgenommen zu werden. Und wer sich nicht ganz ungeschickt anstellt oder Ruhe und Ordnung an Bord stört, wird sogar des öfteren auf eine Einladung zu einer Segelpartie hoffen können.

Hier einige Tips für Mitsegler:

1. Erkundigen Sie sich bei der Einladung nach den Bekleidungsgebräuchen an Bord. Nichts ist schlimmer, als wenn die Stamm-Mannschaft leicht lässig aber praktisch gekleidet an Bord geht, während die Gäste sich verpflichtet fühlen, im weißesten Weiß ihres Lebens und aufgetakelt anmarschiert zu kommen.

2. Fragen Sie, ob Sie zur Bordküche oder auch für die Bordbar etwas beitragen können. Handfeste und leicht zu handhabende Sachen genießen meist den Vorzug. Nur selten stehen große Vorratsräume und ein stilgerechter Salon zur Verfügung.

3. Oft ist vom Badeanzug bis zur wetterfesten Bekleidung alles mitzubringen. Nehmen Sie unempfindliche Sachen, die Sie getrost in einen Matchsack oder in eine handliche Tasche stopfen können. Kabinenkoffer haben selbst an Bord relativ großer Boote keinen Platz. Und das Segeln macht auch der gutmütigsten Mannschaft keinen Spaß mehr, wenn jeder Winkel des Schiffes mit den Sachen der Gäste vollgestopft ist.

4. Versuchen Sie mit Fingerspitzengefühl und offenen Augen herauszufinden, wann und wo Sie helfen können. Auch wenn die Bordfrau beispielsweise den Scheuerlappen bereits in der Hand hält, bieten Sie an,

das Reinigungswerk fortzusetzen. Die Bordfrau kann sich dann vielleicht auf Wichtigeres konzentrieren, das der Gast nicht übernehmen kann.

5. Fühlen Sie sich nicht verpflichtet, ständig die gesamte Besatzung zu unterhalten. Segler genießen gern die Ruhe. Außerdem müssen sie sich auf das Segeln konzentrieren.

6. Nur durch Fragen lernt man. Aber fragen Sie, wenn sich eine günstige Gelegenheit dazu ergibt. Fragen Sie jedoch der Mannschaft kein Loch in den Bauch.

Auf engem Raum ist das Sich-Einfühlen ins Team und die Harmonie wichtiger als alles andere. Und blinder Eifer schadet mehr als er nützt.
An Bord lernt man schnell und viel. Und wer die Augen offen hält, wird nicht nur das Boot kennenlernen, auf dem er gerade mitsegelt. Da sind andere Boote in der Umgebung. Schließlich gibt es kaum einen Segler, der nicht auch sonntags seinen Spaß daran hätte, an einem anderen Boot vorbeizusegeln und schneller zu sein — wenn es klappt. So lernt man fast automatisch andere Bootstypen und Klassen kennen, sieht, ob sie gut gesegelt werden oder ob sie auch bei bestem Willen nicht schnell zu machen sind.
Auch von Bekannten und Freunden wird man natürlich nicht immer die volle Wahrheit über das eigene oder über ein fremdes Boot erfahren. Wer gibt schon gerne zu, daß er im falschen Boot sitzt? Man muß also auch da mit der Zeit lernen, die Körnchen Wahrheit herauszupicken.

Segelschulen

Aber auch wer nicht mit segelnden Freunden und Bekannten gesegnet ist, kann Erfahrungen sammeln und sich orientieren. Oder vielleicht sogar trotz Freunden und Bekannten. Es gibt inzwischen zahlreiche Segelschulen, die häufig noch nicht einmal für allzu teures Geld jedermann in das Segeln einführen.
Dabei ist es durchaus nicht immer zutreffend — sicher sogar in den wenigsten Fällen —, daß Segelschulen mit vormilitärischen Ausbildungsstätten

vergleichbar wären. Schlafen in doppelstöckigen Kojen, Frühsport und Antreten im weißen Päckchen sind nicht die Norm. Und selbst recht strenge Bräuche in der einen oder anderen Schule werden bei Familienkursen gemildert. Im großen und ganzen fand man einen recht erträglichen Kompromiß zwischen schulischer Disziplin (an Bord ist ja auch Disziplin nötig) und erholsamem Ferienbetrieb.
Vom Deutschen Segler-Verband (DSV) sind zahlreiche Segelschulen anerkannt — von Schleswig-Holstein, meerumschlungen, bis zu den sonnigen Gestaden des Mittelmeeres. Adresse des DSV: D-2000 Hamburg 76, Adolfstr. 56, Tel. (040) 22 47 27.
Aber es muß nicht unbedingt eine DSV-anerkannte Schule sein. Auch bei unabhängigen Schulen kann man sich durchaus seine Seglerbeine wachsen lassen. Und mit dem Führerschein hat es ohnedies Zeit, bis man Mitglied eines Clubs geworden ist, wenn kein amtlicher Schein — wie z. B. am Bodensee — vorgeschrieben ist.
Ich wüßte keine Segelschule, die den Anfänger nicht zu allererst in eine Jolle setzt. Für viele zukünftige Bootskäufer ist dies die einzige, erste und letzte Möglichkeit, ausgiebig Jollen zu segeln, bevor das eigene Kajütkielboot gekauft wird. Nur in der Jolle lernt man wirklich segeln. Während das schwere Kielboot auch mal eine falsche Segeleinstellung verzeiht und dank des Eigengewichts weiterschiebt, reagiert eine Jolle viel feinfühliger. Kleine offene Kielboote tun es auch; sie haben als sportliche und sichere Boote ihren Platz in Segelschulen gefunden.
Kommt in den Segelschulen noch hinzu, daß man immer in einer größeren Clique segelt. Da passen die anderen auf, daß alles richtig läuft. Ein bißchen persönlicher Ehrgeiz und schülerischer Drang wirken dabei absolut anregend. Schließlich segeln die anderen Schulboote meist in unmittelbarer Umgebung und jede Crew möchte der anderen zeigen, wer hier das Segeln richtig begriffen hat. So tut sich einiges innerhalb der Bootsbesatzung und auch bei den verschiedenen Booten untereinander. Das hilft schneller lernen, als wenn man einsam über den Tümpel treibt. Und noch etwas. Nehmen Sie auf die Segelschule Ihre Frau und Ihre Kinder mit, wenn Sie später die eigene Familie als Mannschaft anheuern wollen. Das gleiche gilt natürlich auch für Freundin und Kamerad, wenn

Sie noch nicht an die Familie denken müssen. Sie können in jedem Fall auf der Segelschule feststellen, ob aus den Mannschaftsplänen etwas werden wird oder ob Sie sich die ganze Sache nicht doch noch lieber einmal überlegen sollten.

Die Segelschule ist ein absolut zweckmäßiger Weg zur Seglerlaufbahn, auch wenn man später nur herumschippern will. Sie sollte auf alle Fälle vor dem Bootskauf an der Reihe sein. Hinterher ist es oft in jeder Beziehung zu spät.

Clubs

Nach Freunden, Bekannten und Segelschule könnte man natürlich auch an die Mitgliedschaft in einem Club denken. Das ist zu 99,9 % nun wirklich schwieriger als beispielsweise die Mitgliedschaft in einem Fußballclub.

Freie Plätze an Bord der meist in Privatbesitz befindlichen Boote und Liegeplätze für Gastboote sind rar. Deshalb ist die Mitgliederzahl der Segelclubs nun einmal notgedrungen begrenzt. Das wird sich auch nicht ändern.

Große Clubs mit 400 bis 500 Mitgliedern und einem Bootsbestand von etwa 150 sind in unseren Breiten schon eine Seltenheit. Im allgemeinen kann man von einem Verhältnis 1 : 3, d. h. 1 Boot auf 3 Mitglieder, ausgehen. Von Club zu Club ist das natürlich unterschiedlich.

Wer ohne Boot und ohne Referenzen kommt, hat es schwer. Das erscheint zunächst paradox. Denn gleichzeitig jammern viele Eigner größerer Boote, daß sie keine Mannschaften bekämen. Es fehlt tatsächlich häufig genug an Mitseglern.

Doch hier wird es nun problematisch. Das Leben an Bord ist, wie schon mehrfach gesagt, eine Sache für sich. Und keiner nimmt gern unbekannte Mitsegler auf. Da hilft dem Außenstehenden nur eins: mit Geduld suchen. Bei den verschiedenen Clubs herumfragen. Vielleicht gar nicht so sehr auf Mitgliedschaft drängen, sondern zunächst seine guten Dienste als Mitsegler anbieten. Wenn man erst einmal Fuß gefaßt hat und als Mitsegler geschätzt ist, dann dürfte auch einer Mitgliedschaft nichts mehr im Wege stehen.

Club-Geschäftsführer oder Hafenmeister sind für diesen Zweck meist die am besten orientierten Gesprächspartner. Dabei kann man seine Chancen ausloten. Vielleicht erfährt man dort auch von dem einen oder anderen Segler, der in der Nähe des eigenen Wohnorts zu Hause ist. Der Kontakt kann wiederum weiterhelfen. In den meisten Fällen hat es wenig Sinn, einen Club mit langatmiger Korrespondenz zu belasten. Man riskiert nur, überhaupt keine Antwort zu bekommen. Club-Funktionäre sind ehrenamtlich tätig und genug mit unbedingt notwendiger Verwaltungsarbeit belastet. Allem zusätzlichen Schreibkram sind sie verständlicherweise abhold.

Wer es schafft, mit Hilfe von Bekannten oder vielleicht auch, weil er sich auf einer Segelschule zum perfekten Mitsegler emporgearbeitet hat, in einen Club zu kommen, der hat wirklich ausreichend Gelegenheit zur Orientierung und zum Sammeln der nun einmal notwendigen Erfahrungen.

Klassenvereinigungen

Wenn man ziemlich genau weiß, in welche Bootsklasse man einsteigen will, ergibt sich eine weitere Möglichkeit der Orientierung. Für die meisten vom DSV anerkannten Bootsklassen gibt es Klassenvereinigungen. Auch für vom DSV nicht anerkannte Werftklassen wurden in einigen Fällen Klassenorganisationen aufgezogen.

Auskunft erteilt der Deutsche Segler-Verband oder die betreffende Werft bzw. Verkaufsagentur, wenn der Bootstyp nicht in Deutschland hergestellt wird.

Klassenorganisationen sind immer um das Wachsen und Gedeihen ihrer Klasse bemüht. Sie freuen sich grundsätzlich über jeden ernsthaften Interessenten. Über sie kann man Kontakt mit Eignern aufnehmen und im allergünstigsten Fall sogar Mitsegelgelegenheiten in Erfahrung bringen, zumindest aber sich lose an eine in der Nähe bestehende Gruppe anschließen. Auch da lernt man mehr als auf jeder Bootsausstellung. Und keiner kann und wird es einem übelnehmen, wenn man in einer Klasse nicht heimisch wird und diskret den Rückzug antritt, um sich anderen Möglichkeiten zuzuwenden. Es ist für beide Seiten immer besser, die Scheidung rechtzeitig herbeizuführen, statt sich in Unzufriedenheit zu zermürben. Das gilt in gleichem Maße für Bootstyp wie für Klassenvereinigung.

Literatur

Zum Schluß soll die theoretische Orientierung nicht unerwähnt bleiben, obwohl ich davon nicht ganz so überzeugt bin, zumindest aber Einschränkungen für Anfänger anmelden möchte.
Theorie kann die Praxis nicht ersetzen. Wer noch kein Verhältnis zur Sache hat und nicht einmal weiß, wovon die sicher erfahrenen Schreiber überhaupt berichten, dem werden spätestens nach der zehnten Zeile die Augen zufallen.
Fachliteratur ist zweifellos gut, aber man sollte nicht völlig unbefangen an sie herangehen.
Um sich in die ganze Thematik und die Fachsprache hineinzuarbeiten, bieten sich in erster Linie die „Kleine Seemannschaft" und die „Praxis des Segelns", von Pinaud, beide aus dem Verlag Delius, Klasing & Co., an. Die „Seemannschaft" ist etwas trocken und lehrbuchhaft, „der Pinaud" dagegen wohl das umfassendste und modernste Buch dieser Art. Nach diesem Grundwissen kann man weiter im Verlagsprogramm stöbern und ist auf Zeitschriften wie YACHT oder BOOTE bestens vorbereitet.

*

Wollte man eine „natürliche" Reihenfolge aufstellen, so könnte man das Orientierungsprogramm vielleicht so ordnen:

1. Bekannte, 2. Segelschule, 3. Literatur, 4. Klassenvereinigung, 5. Club.

Dabei kann man ebensogut auch die Literatur vor die Segelschule und den Club vor die Klassenvereinigung setzen.

Vor-Auswahl

Wunsch und Wirklichkeit

Soweit ich es auf Bootsausstellungen beobachten konnte, jagen viele Segelbootinteressenten etwa folgendem Ideal nach:

* ein kleineres Kajütboot
* mit drei bis vier Schlafplätzen,
* Stehhöhe in einem Teil der Kajüte,
* Geschwindigkeit steht nicht immer an erster Stelle,
* leicht zu handhaben,
* unkenterbar und unsinkbar,
* Trailermöglichkeit ist stark gefragt,
* auf dem Trailer soll es den Wohnwagen ersetzen,
* Preis möglichst nicht höher als für ein Mittelklasse-Automobil.

Kochnische (sprich Pantry) und WC stehen meist noch auf der Wunschliste der künftigen Bordfrau. Man merkt, daß die Vorstellungen stark vom Wohnanhänger beeinflußt sind.

Nur leider sind diese Wünsche in der Praxis nicht auf einen Nenner zu bringen. Stehhöhe von sagen wir mindestens 1,70 m ist bei den kleineren Kajütsegelbooten ohnedies nicht zu verwirklichen, es sei denn, man besegelt so eine Art Hutschachtel. Aber über eine Kajüthöhe von ca. 1,50 m im Mittelgang wäre wohl zu reden. Dabei sollte man aber nicht vergessen, daß in gebückter Haltung oder liegend das Umkleiden schon eine recht sportliche Leistung sein kann.

Selbst bei bescheidenen Ansprüchen wiegt ein voll ausgerüstetes kleines Kajütboot schon ca. 600 bis 700 kg. Ein Trailer für 750 kg Nutzlast hat dann bereits ein Eigengewicht von ca. 200 bis 250 kg. Das Gesamtgewicht erreicht also bereits etwa eine Tonne. Und damit ist die Grenze der Zugfähigkeit auch mancher Mittelklassewagen bereits erreicht, vor allem im Gebirge. Ehe man sich auf allzu viele faule Kompromisse einläßt, sollte man daher eine andere Überlegung anstellen. Nämlich ein kleineres Segelboot kaufen, das den Geldbeutel nicht überfordert und vielleicht seglerisch mehr Spaß macht, und sich dazu vom gesparten Geld ein Zelt leisten. Moderne Zelte sind erheblich billiger als eine Kajüte und bieten außerdem meist auch noch wesentlich mehr Platz. Auf alle Fälle sollten derartige Erwägungen beim Kauf nicht ganz außer acht gelassen werden. Betrachten wir einmal die verschiedenen Bootsarten und wozu sie sich vorzugsweise eignen.

Schlauch- oder Faltboot

Gedacht ist im Rahmen dieses Buches natürlich an besegelbare Schlauch- oder Faltboote. Preislich bieten sie gegenüber kleinen Segeljollen praktisch keine Vorteile. Wenn die Schlauch- oder Faltboote einigermaßen fürs Segeln eingerichtet sein sollen, dann erreichen sie schnell Preise von über 2000 DM oder gar über 3000 DM.

Modernen kleinen Segeljollen sind sie in den Segeleigenschaften fast immer unterlegen. Es soll aber nicht bezweifelt werden, daß auch das Segeln mit Schlauch- oder Faltbooten ungetrübte Erholung und Entspannung bringen kann. Viele haben mit einem solchen Boot angefangen, Erfahrungen gesammelt, Geschmack an der Segelei bekommen und sind dann auf „richtige Segelboote“ umgestiegen.

In den Clubs wird man mit besegelbaren Schlauch- oder Faltbooten wenig Gegenliebe finden, obwohl man mit ihnen keinen Liegeplatz beansprucht. Für Schlauch- oder Faltboote gibt es auch keine Klassen und, soweit ich weiß, auch keine Regatten.

Schlauch- und Faltboote haben vor allem den Vorteil, daß sie auch von kleineren Automobilen im Kofferraum oder wenigstens auf dem Dachgepäckträger mitgeführt werden können. Sie stören daher selbst bei lan-

gen Fahrten kaum. Wird auch ein Wohnanhänger mitgenommen, kann das Schlauchboot im Wohnanhänger transportiert werden und nimmt im Zugwagen überhaupt keinen Platz weg.
Auch das Winterlager bereitet bei diesen Booten keinerlei Sorge. Sie lassen sich leicht an jedem einigermaßen trockenen und temperierten Ort, auch im Keller, auf dem Dachboden oder in der Garage unterbringen. Sofern Überholungsarbeiten notwendig werden, kann man sie als mittelmäßig begabter Bastler noch selbst bewältigen. All dies sind Pluspunkte ohne jede Einschränkung.
Besegelbare Schlauch- und Faltboote haben zusätzlich den Vorteil, daß sie auch auf den Gewässern amtlich gelitten werden, auf denen sie mit Außenbordmotor vom behördlichen Bannstrahl getroffen würden. Und verschiedentlich ist es so, daß Motorboote, auch motorisierte Schlauch- und Faltboote, verboten sind, Hilfsmotoren an Segelbooten jedoch gerade noch geduldet werden.

Das Schlauch- oder Faltboot bietet sich also all denen an, die weitab vom Wasser wohnen, keinen festen Liegeplatz haben, überhaupt gerne in der Weltgeschichte mitsamt dem Boot herumreisen und meist noch einen Wohnanhänger mitschleppen. Es erspart Winterlagersorgen und läßt sich im oder auf dem Auto leicht transportieren.

Autodach-Jollen

Mit Autodach-Jollen sind kleine und leichte Jollen mit festem Bootskörper gemeint, die sich aufgrund ihres geringen Gewichtes noch auf dem Autodach transportieren lassen.
Hersteller kleiner Jollen machen gerne damit Reklame, daß ihr Boot auf dem Autodach transportiert werden kann, also der teure Transportanhänger und der damit umständlichere Fahrbetrieb wegfallen. Die Prospekte dieser Hersteller bieten dazu gelegentlich rührende Beispiele totaler Unbefangenheit. Da kann man Fotos von ca. 4 m langen Jollen auf dem Dach eines Kleinstwagens sehen!

Tatsache ist, daß selbst kleine Segeljollen, richtig ausgerüstet, für die meisten Automobile viel zu schwer sind, um auf dem Dachgepäckträger mitgeführt werden zu können. Die vom Automobilhersteller empfohlene Dachlast liegt für viele Wagen bei 50 kg, für die meisten anderen bei 75 kg. Es muß also schon ein sehr kleines und sehr leichtes Boot sein, das noch auf dem Autodach mitgenommen werden kann, wenn man sich an die empfohlenen Dachlasten halten will. Gesetz sind sie nicht. Auf eigene Gefahr kann man sie überschreiten, sofern zulässige Achslast und Gesamtgewicht eingehalten werden.
Boote mit einem Gewicht unter 50 kg eignen sich bestenfalls als Badeboote oder als Kleinstsegelboote für Kinder und Jugendliche. Selbst bei einer empfohlenen Dachlast von 75 kg ist die Auswahl nicht allzu groß. Gewichtsangaben des einen oder anderen Herstellers sollte man mit Skepsis begegnen, wenn die Bootchen als besonders leicht herausgestellt werden. Da kommt zweierlei Verdacht auf:

* entweder sind die Boote extrem abgemagert, um es milde auszudrücken,
* oder die Bootsschale wurde ohne jede Einrichtung gewogen, beispielsweise auch ohne Bodenbretter, Beschläge und Mast.

Andererseits soll man auch nicht zu pingelig sein. Auf kurzen Strecken wird das Auto auch einmal ein paar Kilo mehr auf dem Dach vertragen, wenn man damit nicht gerade mit hundert Sachen um die Ecken braust. Und auch die Polizei wird nicht gleich jedes Boot nachwiegen, das auf dem Dach ein paar Kilometer zum Wasser mitgenommen wird. Auf der Langstrecke aber, vor allem auf der Autobahn und an Grenzübergangsstellen, kann der Fahrer eines überbeladenen Wagens erheblichen Ärger bekommen, zumal in einigen Nachbarländern die Dachlastbegrenzung noch schärfer gehandhabt wird als hierzulande.
Die billigsten Transportanhänger für Boote bis etwa 200 kg Nutzlast kosten fast soviel wie ein Billigstbootchen. Wer also sehr sparen muß oder überhaupt nichts vom Anhängerbetrieb hält, der mag notgedrungen bei einer Autodach-Jolle landen. Bestenfalls eine Sache für jüngere Leute, die nicht zuviel Gewicht und Masse mit an Bord bringen.

Autodach-Jollen haben zusätzlich einen Vorteil, der nicht unterschlagen werden soll: Sie lassen sich mit einer einfachen Vorrichtung vom Autodach unter die Garagendecke befördern, wo sie weder im Sommer noch im Winter ein Liegeplatzproblem bieten. Erwähnenswert in diesem Zusammenhang die recht sportlichen Segelbretter, die sich zunehmenden Interesses erfreuen.

Für Autodach-Jollen gilt im Prinzip das gleiche wie für Schlauch- und Faltboote. Wer beweglich sein will, keinen Trailer mag und mit dem Boot viel auf Reisen geht, der wird sich für diesen Bootstyp entscheiden. Er muß sich dafür in seinen Ansprüchen einschränken. Diese Boote eignen sich meist für zwei Insassen, auf keinen Fall für eine vierköpfige Familie.

Jollen

Alle Jollen, abgesehen von den eben besprochenen Ausnahmen, benötigen entweder einen festen Liegeplatz oder einen Transportanhänger. Wer direkt am Wasser wohnt, der hat es leicht und weder Liegeplatzsorgen noch Transportprobleme.
Die Auswahl reicht von der kleinen oder auch größeren klassenlosen Jolle bis zum Zugvogel (Regatta- und Wanderjolle, DSV-Klasse) und zum Flying Dutchman (internationale und olympische Rennklasse).
Gute Segler von Klassen-Jollen sind in den Clubs gerne gesehen. Sie sind fast immer auf Regattaerfolge erpicht und gereichen daher auch dem Club zur Ehre. Außerdem benötigen die Jollen keine teuren Liegeplätze. Vor allem die Rennjollen werden nach Regatten oder Trimmfahrten wieder an Land gebracht, wo sie entweder aufgebockt werden oder gleich auf den Trailer kommen. Das Unterwasserschiff bleibt auf diese Weise immer sauber oder kann, wenn nötig, gelegentlich ohne große Umstände poliert werden.
Die meisten Jollensegler, vor allem aber die Rennjollen-Segler, sind große Wandervögel. Sie ziehen von Revier zu Revier und von Regatta zu Regatta. Dazu benötigen sie einen Trailer. Wenn es ums Geld geht, können sich mehrere in einen Trailer teilen. Allerdings dürfen sich dann keine Regattatermine oder Ferientermine überschneiden.

Wer mit dem Geld rechnen muß, seglerische Ansprüche stellt und gern auf Wanderschaft zu den verschiedenen Revieren geht, der sollte sich die Kombination Jolle und Zelt wirklich überlegen. Gerade der Anfänger wird zunächst von einer Jolle mehr haben als von einem faulen Kajütboot-Kompromiß. Und wer nicht gar zu sehr mit dem Pfennig rechnen muß, der kann aufs Zelt verzichten und sich in Pension oder Hotel einquartieren.

Doch dazu gleich eine Warnung aus eigener Erfahrung: Privatzimmer, Pensionen und Hotels an einladenden Seen oder am Meer sind in der Hauptsaison mit Urlaubsgästen meist voll belegt. Wer nur mal am Wochenende mit dem Boot kommt und Quartier sucht, der wird vor vollen Häusern stehen. Wir haben es zum Beispiel am Bodensee immer wieder erlebt. Im Frühjahr und im Herbst hatten wir nie Zimmersorgen für ein oder zwei Übernachtungen. Im Sommer dagegen war es mit der Zimmersuche, wenn man nicht gleich mehrere Tage Urlaub machte, problematisch. Wer keine Kajüte hatte, mußte mit dem Zelt oder Wohnwagen auf den Campingplatz. Ja selbst die Campingplätze waren oft genug wegen Überfüllung geschlossen. Auch daran muß man denken.

Wer keine Ambitionen hat und nur zum Privatvergnügen herumschippern will, der kann sich natürlich für eine klassenlose Jolle entscheiden. Boote, die vom DSV nicht als Klasse anerkannt sind, kosten meist wesentlich weniger als Klassenboote. Dabei ist absolut nicht gesagt, daß klassenlose Boote etwa schlechtere Segelboote wären. Ja, sie können sogar in dem einen oder anderen Land als Klasse anerkannt sein.

Hochkarätige Rennjollen wie Finn und Flying Dutchman (FD) sind nichts für den Anfänger. Die Investition lohnt wirklich nur für den erfahrenen Jollensegler, der sich mit Gewalt in den Regattatrubel stürzen will. Für diese Segler ist das Buch ohnehin nicht geschrieben, denn sie wissen sehr genau, was sie wollen.

Aber auch bei den übrigen Klassenjollen gibt es genügend Auswahl, um nahezu allen Ansprüchen gerecht zu werden. Der Vaurien ist die billigste Art, zum Segeln zu kommen und gleich in eine Klasse einzusteigen, — auch wenn es zunächst noch nicht um Regatten geht. Der Zugvogel als Wander- und Regattajolle ist außerordentlich vielseitig. Er wird als

Schwert- oder Kielboot, in Holz oder Kunststoff angeboten. Mann, Frau und zwei Kinder treten sich in dem 5,80 m langen Boot noch nicht unbedingt auf den Zehen herum. Eine dreiköpfige Besatzung würde ich jedoch als Maximum ansehen. Mit einem Zeltdach können zwei Leute auch mal auf Gummimatratzen eine Nacht auf dem Boot verbringen. Und jüngere Segler, die noch keine allzu hochgeschraubten Komfortansprüche stellen, können es auf dem Boot auch einmal einen ganzen Urlaub lang aushalten.
Jollen eignen sich für Binnenreviere. Schon in Küstennähe sollte der Anfänger vorsichtig sein, sich nicht zu weit hinauswagen und bei jedem Zweifel über die Wetteraussichten an Land gehen. Auf See gehören Jollen überhaupt nicht.

Liegeplatzprobleme gibt es bei den Jollen kaum. Mit einem Trailer ist man beweglich und kann das Boot den Winter über irgendwo zu Hause abstellen. Und die Arbeiten am Boot machen Spaß, wenn man etwas Basteltalent besitzt. — Am Wasser benötigt man eine Unterkunft. Große Jollen ab mindestens 5 m Länge eignen sich auch bedingt zum Wandersegeln.

Jollenkreuzer

Jollenkreuzer sind übergroße Jollen mit einer bescheidenen Kajüte. Sie haben — wie alle Jollen — ein Schwert, aber keinen Ballastkiel, und sind daher kenterbar. Anfänger lassen sich von dieser Tatsache oft mehr beeindrucken als unbedingt notwendig. Schon der kleinste Typ, der 15-qm-Jollenkreuzer, hat aufgrund seiner relativ großen Breite sehr viel Formstabilität.
Der Jollenkreuzer segelt zunächst sehr steif. Mit der Besatzung als „lebenden Ballast" in Luv, läßt sich der Jollenkreuzer noch ziemlich aufrecht halten, während Kielyachten schon stark krängen (weil das Kiel-Ballastgewicht erst bei Schräglage aus der Senkrechten auswandert und zum Tragen kommt). Bei starken Winden kehren sich die Verhältnisse um. Der

Jollenkreuzer gerät in einen Krängungswinkel, bei dem das Ballast-Mannschaftsgewicht zur Mitte wandert und an Wirksamkeit verliert. Der Jollenkreuzer kann kentern, die Kielyacht dagegen segelt immer steifer, da bei zunehmender Krängung das aufrichtende Moment des Ballastkiels voll zum Tragen kommt (Stehaufmännchen).
Wer jedoch mit einigermaßen Vernunft segelt und die Segelfläche rechtzeitig verkleinert, braucht auch beim Jollenkreuzer keine Angst zu haben. Ich habe jedenfalls genug Anfänger erlebt, die mit dem Jollenkreuzer recht schnell zurecht kamen.
Der Jollenkreuzer bietet das faszinierende und feinfühlige Segeln der Jolle und den Kompromiß eines kleinen Kajütbootes. Je nach dem, ob 15-qm-Jollenkreuzer, 16-qm-Sperrholzjollenkreuzer oder 20-qm-Jollenkreuzer, sind in der Kajüte zwei bis drei Schlafplätze, kleine Pantry und Schrankraum. 15er und 20er sind traditionell aus Mahagonivollholz, der 16er, wie schon der Name sagt, aus Sperrholz. Die Sperrholzjollenkreuzer haben sich zunächst etwas schwer getan, erfreuten sich aber wachsender Beliebtheit wegen des günstigeren Preises und der etwas geringeren Wartungsansprüche.
Insgesamt sind alle Jollenkreuzer eine recht passable Kombination von Regatta- und Tourenboot. Ihre Heimat ist das Binnenrevier. Im DSV-Yachtregister gehören sie mit zu den zahlenmäßig stärksten Klassen, regional jedoch sehr unterschiedlich.
Neuerdings gibt es auch vermessungsfähige Kunststoff-Jollenkreuzer. Sie haben den Vorteil, noch weniger Ansprüche an die Wartung zu stellen. Die Entscheidung für Kunststoff oder Holz ist letztlich eine Geschmacksfrage. In den Regatten dominieren jedoch — soweit ich es beobachten konnte — die Holzkonstruktionen.
Jollenkreuzer sind, verglichen mit dem wenigen Komfort, den sie bieten können, relativ teuer. Der 15er kostet mindestens zwischen 15000 und 16000 DM, der Sperrholzjollenkreuzer (16-qm-Jollenkreuzer) ungefähr den gleichen Betrag und der 20er schon zwischen 20000 und 22000 DM. Mit Gewichten zwischen ca. 500 kg und 1000 kg, voll ausgerüstet noch mehr, sind sie meist stationär, d. h. sie werden relativ wenig auf dem Trailer bewegt.

Da spielen Liegeplatz und Winterlager schon eine Rolle. Im Schnitt muß man mit etwa 100 bis 200 DM Liegeplatzgebühr während der Sommersaison rechnen. Das Winterlager in einer Werft kostet im allgemeinen zwischen 20 und 30 DM je qm. Auf- und Abslippen samt Schiff säubern und Mastlegen bzw. -stellen kommt jeweils auf vielleicht 70 bis 100 DM. Winterüberholung, also in erster Linie Rumpf und Spieren (Mast und Großbaum, eventuell hölzernes Vorstag) lackieren, kostet je nach Umfang der Arbeiten zwischen 500 und 800 DM. Einschließlich Ersatzbeschaffung von Schoten, Leinen und Segeln wird es gut sein, sich auf etwa 1000 bis 1500 DM laufende Kosten im Jahr einzurichten. Der Bastler und Do-it-yourselfer wird natürlich dabei erheblich sparen können. Man mache sich aber diesbezüglich keine falschen Hoffnungen, wenn man nicht in unmittelbarer Nähe des Winterlagerplatzes wohnt.

Gegenüber Kielbooten bieten Jollenkreuzer vor allem auch den Vorteil, daß sie bei hochgeholtem Schwert nur einen Tiefgang von etwa 15 cm bis 25 cm haben. Sie können damit sehr seichte Häfen anlaufen und die Boote lassen sich auch am flachen Ufer leicht auf den Trailer bringen. Der Jollenkreuzer eignet sich für Segler, die gelegentlich einmal das Revier wechseln wollen und auf ein Dach über dem Kopf wert legen. Große Sprünge kann man in einer Jollenkreuzer-Kajüte natürlich nicht machen. Sie reicht aber für zwei Personen gut aus, auch mal für einen mehrtägigen Törn. 16er und 20er bieten auch noch Platz für einen dritten Erwachsenen bzw. ein oder zwei Kinder. Da wird es jedoch schon beängstigend eng.

Kleine Kajütkielboote

Das Angebot an kleinen Kajütkielkreuzern ist sehr umfangreich. Sie werden heute vorwiegend aus Kunststoff gebaut. Bei der Auswahl spielen die persönlichen Verhältnisse meist eine entscheidende Rolle. Oft besteht einfach der Zwang, drei bis vier Schlafplätze zur Verfügung zu haben und möglichst in der Preiskategorie um ungefähr 15 000 DM zu kaufen.

Unter 6 m Länge müssen die Boote immer ein arger Kompromiß bleiben. Sie sind bestenfalls für zwei Personen geeignet, wenn gelegentlich mehrere Tage an Bord gehaust werden soll. Das gilt auch, wenn mit viel Geschick in diese Bootsgröße drei oder gar vier Kojen hineingezaubert wurden. Es mangelt dann aber an Stauraum, an einem vernünftigen Schrank und an Kochgelegenheit. Das WC, wenn überhaupt vorhanden, steht buchstäblich mitten im Raum. Die Kajüthöhe zwingt die Bewohner, ein recht gebücktes Dasein zu führen. Fünf Minuten Probesitzen auf der Ausstellung vermitteln in diesem Fall keinen ausreichenden Eindruck. Rücksprachen mit Bootseignern und ein ausführlicher Probeschlag sollten unter allen Umständen vor dem Kauf eingeplant werden.

Ich habe eine ganze Reihe dieser Boote aus nächster Nähe beobachten können. Bei flauen Winden sind sie ausgesprochen langsam und bei Wind und Seegang stampfen sich die kurzen und relativ breiten Boote schnell fest. Große seglerische Ambitionen darf man mit ihnen also nicht haben. Ein Vermessen der Boote nach der IOR-Ausgleichsformel, um einmal an Regatten teilnehmen zu können, lohnt sich fast nie. Auch Clubs haben im allgemeinen an diesen Booten wenig Freude.

Manche dieser kleinen Kajütkielboote haben Kimmkiele, andere sind auch Kielschwert-Konstruktionen. Beim Kielschwerter dient ein kurzer Ballastkiel gleichzeitig als Schwertkasten. Das Schwert kann je nach Trimmerfordernissen aus dem Ballastkiel ausgefahren werden. Diese Kombination von Kiel und Schwert hat einiges für sich. Bei aufgeholtem Schwert ist der Tiefgang wesentlich geringer als bei einem gleichgroßen Kielboot, und mit ausgefahrenem Schwert sind die Eigenschaften auf der Kreuz absolut gleichwertig. Kielschwert-Konstruktionen kann man auch bei einigen Hochsee-Rennyachten finden.

Kimmkieler haben statt des üblichen Mittelkiels zwei kürzere Kiele — auch ballastet natürlich — seitlich am Rumpf. Soweit man dies auf Bootsausstellungen beobachten kann, werden Kimmkieler immer seltener angeboten. Ich sehe bei Kimmkielern nur die folgenden Vorteile:

- In Wattgebieten kann das Boot bei Ebbe trockenfallen, ohne umzukippen,

* es läßt sich leicht auf den Trailer stellen
* und natürlich ebenso leicht und ohne umständlicheres Aufbocken an Land fürs Winterlager.

Kimmkiele findet man nur bei kleinen Booten. Sie sind in den Segeleigenschaften den Mittelkielbooten gleicher Bauart unterlegen.
Keines der kleinen Kajütboote wiegt ausgerüstet viel unter 600 kg und ist daher mit Trailer, der ja auch nochmal an die 200 kg wiegt, nur von den stärkeren Mittelklassewagen zu ziehen. Große Fahrten über Land oder gar durchs Gebirge sind damit kein reines Vergnügen mehr. Man wird diesen Bootstyp daher im allgemeinen an sein Revier bringen und dann für längere Zeit dort belassen. Wer damit beispielsweise ans Mittelmeer will, sollte sich wenigstens einige Wochen Urlaub nehmen, damit sich der Aufwand lohnt.
Es soll aber unbestritten bleiben, daß man auch mit diesen Booten seinen Spaß haben kann, wenn man sich aus diesen oder jenen Gründen dafür entschlossen hat. Dennoch möchte ich empfehlen, die nächste Größenordnung, nämlich von 6 m bis 6,60 m Länge, ernsthaft zu erwägen, bevor man eventuell eine Nummer zu klein kauft. Geht man sogar bis 6,70 m, trifft man schon einige recht ansprechende Konstruktionen an, die preislich nicht so unverhältnismäßig teurer sind als die ganz Kleinen.
Die Länge von ca. 6,50 m braucht man wirklich für drei Personen. Sie sind auf diesen Booten ehrlich unterzubringen. Zwei Erwachsene und zwei kleinere Kinder gehen noch zur Not, aber es besteht die Gefahr, daß man sich auf die Nerven fällt, wenn man einmal mehrere Tage an Bord bleiben will. Stehhöhe ist natürlich auch in dieser Größenordnung noch recht selten. Das geht erst so um die 8 m Bootslänge los.

Größere Kajütkielboote

Die alljährlich im Herbst stattfindende „interboot" in Friedrichshafen bietet ein gutes Tendenzbarometer. Durch einen Computerservice, der Besuchern hilft, gezielt auf Bootssuche zu gehen, fällt als Nebenprodukt eine Statistik der Bootswünsche ab. Bei der letzten Ausstellung interessierten sich mehr als 80% der Computerbenutzer für ein Segelboot, über 60% legten Wert auf eine Kajüte, mehr als ein Drittel aller Segelboot-Kauflustigen bevorzugten dazu eine Kielyacht. Diese Prozentzahlen dürften auch in den nächsten Jahren kaum an Aussagekraft verlieren. Ganz im Gegenteil. Die Tendenz zum besegelten Wochenendhaus oder -häuschen wird sich weiter verstärken.

Interessant in diesem Zusammenhang auch die Preisvorstellungen. Mehr als die Hälfte der Erstkäufer oder Umsteiger peilt Preise bis zu 15000 DM oder bis zu 30000 DM an. Preise bis zu 50000 DM kommen dann nur noch für knapp über 10% in Betracht. Man mag Computern mißtrauen, die Zahlen scheinen jedoch exakt und realistisch. Sie stimmen durchaus mit den Beobachtungen in den Häfen überein.

Auch in Sachen Bootslänge und Baumaterial spuckten die mit Lochkarten gefütterten ratternden Kästen realistische Zahlen aus. Ein Drittel der Besucher meint, sich mit einer Bootslänge von vier bis sechs Meter bescheiden zu können, über 40% halten sechs bis neun Meter für erforderlich. Deutlich über 80% legten sich auf Kunststoff als Baumaterial fest, etwas mehr als 10% wollen beim traditionellen Holzbau bleiben, weniger als 5% haben keine Bedenken gegen Stahl.

Wir wollen hier einmal die drei Größenordnungen, denen das Hauptinteresse gilt, nämlich von sechs bis sieben Meter, sieben bis acht Meter und knapp über acht Meter, näher unter die Lupe nehmen.

Bevor wir jedoch ins Detail gehen, vorweg einige Bemerkungen zur Einstufung der Boote und zu jüngsten Entwicklungen in Sachen Kajütkomfort und Umweltschutz. Außerdem sollte sich jeder Bootsinteressent vorher informieren, welche Bestimmungen eventuell für das in Aussicht genommene Revier gelten. Ab bestimmten Bootsgrößen oder Segelflächen können Führerscheine und Bootszulassungen gefordert werden. Einbaumotoren unterliegen von Fall zu Fall recht unterschiedlichen Vorschriften. Ab einer vorgeschriebenen PS-Grenze wird gegebenenfalls ein besonderer Führerschein verlangt. Und Zweitakter oder Motoren mit unangenehmer Geräuschkulisse werden in einigen Revieren vom behördlichen Bannstrahl stark getroffen.

Die Einstufung der Boote nach ihren Leistungen muß für den Laien oder Anfänger ein Buch mit sieben Siegeln bleiben. Der Blick auf das Unterwasserschiff des Ausstellungsbootes oder auf die Besegelung nützt wenig. Selbst Fachleute werden sich so meist nur ein recht grobes Urteil bilden können. Und vom Verkäufer ein objektives Urteil über Geschwindigkeit und Seefähigkeit des angebotenen Bootes zu verlangen, würde fast an Unmenschlichkeit grenzen. Zwei Kriterien — ausführlicher dazu noch an anderer Stelle — gibt es dennoch, die in Zahlen klare Maßstäbe setzen. Da wäre zunächst einmal die schon oft zitierte IOR-Formel zu nennen. Auf einen einfachen Nenner gebracht: Je niedriger der Formelwert, desto langsamer das Boot. Fangen wir bei den Kleinen an. Achteltonner (Minitonner) — das sind sozusagen die Westentaschen-Kajüt-Regattaboote — vermessen zwischen 15,5 und 16 Fuß. Bei einigermaßen seglerischen Ambitionen sollte man dieses Maß nicht unterschreiten. Die Vierteltonner — schon recht respektable Kajütboote — vermessen zwischen 17,5 und 18 Fuß. Voll ausgewachsen, wenn man so sagen will, geben sich dann die Halbtonner mit einer Vermessung von 21,2 bis 21,7 Fuß. Das mag an dieser Stelle als erster Orientierungspunkt genügen. Der Blick auf die Tonner lohnt stets zum Abstecken des Gebotenen in den einzelnen Größenordnungen.

Daneben existieren die sogenannten Yardstick-Tabellen, die weniger auf den teils recht theoretischen Formelwerten aufbauen als auf tatsächlichen Erfahrungen mit einzelnen Typen und Klassen. Die niedrige Zahl steht hier für die höhere Geschwindigkeit. Dazu einige Beispiele. Ein Shearwater-Katamaran hat die Yardstickzahl 75, der FD oder ein 75er Nationaler Kreuzer die Yardstickzahl 78. Und so geht es in Richtung des geringeren Geschwindigkeitspotentials weiter (Yardstickzahl jeweils in Klammern): 20-qm-Jollenkreuzer (86), Drachen (88), Vindö 30 (90), Folkeboot mit Bodenseerigg und Optima 92 (91), Sagitta 26, Tequila und Victoire 28 (92), Waarschip Vierteltonner, Klipper 2000, Kiel-Delanta, Ecume de Mer und Albin Vega (93). In der Gruppe mit der Yardstickzahl 95 findet man immer noch so renommierte Boote wie Varianta, Samurai und Sunbeam 22. Bei 100 beginnen dann die mehr als Fahrtenschiffe geeigneten Typen wie Wibo I, Super-Dorade, Marina R, Neptun 14 und 20. Die Marina als Kimmkieler landet bereits bei 110, die Carina FC bei 111 und als Kimmkieler bei 115. Ganz gemütlich wird es dann bei einem Motorsegler wie etwa dem Troll mit der Yardstickzahl 125. Das sind nur ein paar der bekanntesten Boote aus der umfangreichen Liste, wie sie beispielsweise im Bodensee- Regattaprogramm veröffentlicht wurde.

Eine gute Werft sollte dem Kaufinteressenten die eine oder andere Zahl als Orientierung geben können. Im Zweifelsfall gilt der schriftliche Beweis in Form eines Meßbriefes oder der gedruckten Liste immer mehr, als warmherzige Schätzungen eines vielleicht selbst nicht ganz sattelfesten Verkäufers.

Bei der Kajütaufteilung zeichnen sich nach meinen Beobachtungen in der letzten Zeit zwei Entwicklungen ab, die ich für positiv halte. Da wäre einmal die Anordnung mit L-förmiger Sofabank um den Tisch und einer gegenüberliegenden Bank bzw. Koje. Durch diese Raumeinteilung gewinnt man Sitzplätze und die Sitzgruppe wirkt insgesamt weniger eingeengt. Nicht mehr en vogue scheint die sogenannte Dinette zu sein mit den beiden quer eingebauten Sitzbänken und dem Tisch dazwischen. Bei größeren Booten mit entsprechendem Raumangeboot (gut über 8 m Lüa) wandert neuerdings der WC-Raum aus seinen beengten Verhältnissen zwischen „Salon" und Vorschiff an das achtere Ende der Kajüte, also direkt neben den Einstieg. Vorteil: Man braucht nicht mehr durch die ganze Kajüte zu stiefeln, um zum WC zu gelangen, und man hat Stehhöhe, — jedenfalls in dieser Größenordnung. Wurde der WC-Raum noch dazu als in sich geschlossene Naßzelle in Kunststoff ausgeführt, dann bieten sich dort auch unproblematische Duschmöglichkeiten.

Und da wir schon bei den besonderen Annehmlichkeiten des Kajütbootes sind, gleich noch zum Umweltschutz. Die Gewässerschützer haben ein wachsames und kritisches Auge auf die Wassersportler gerichtet. So werden beispielsweise am Bodensee Außenbordsanschlüsse verboten. Weder Abwässer vom WC noch aus der Spüle dürfen durch Ventile in den See gelenzt werden. Verfügt ein Boot über derartige Einrichtungen, müssen im Boot Auffangtanks vorhanden sein, um die Abwässer aufzunehmen. Wohin aber mit dem Tankinhalt? Eine derzeit noch offene Frage, die der jeweiligen Erfindergabe überlassen bleibt. Auch das sind Punkte, die beim Bootskauf im Zusammenhang mit der Revierfrage dringend beachtet werden müssen.

Zweitakter, vor allem Außenborder, werden nur mit einem Gemischanteil 1 : 50 zugelassen. Weiter sollte vor dem Kauf die Frage der Lichterführung geklärt sein. Definitive Hinweise zu all diesen Details sind nicht möglich, da die Verhältnisse — sprich Vorschriften — von Revier zu Revier recht unterschiedlich sein können. Dabei empfehle ich, sich nicht allzusehr auf vorhandene Bestimmungen zu verlassen, sondern sich auch nach voraussichtlichen Entwicklungen in den jeweiligen Revieren zu erkundigen. Wenn nicht alle Zeichen der Zeit trügen, werden andere Reviere den nun schon mal vorhandenen Mustern (mit oder ohne Wert) früher oder später folgen.

Kajütboote von 6 bis 7 m Länge

Nach den allgemeinen Vorbemerkungen, die mehr oder minder für alle Boote gelten, die etwas mehr Wohnlichkeit bieten als die Kajütboote unter 6 m Länge, nun zu einigen Beispielen in den verschiedenen Größenordnungen. Ich richte mich in der Gliederung weniger nach Klassen, sondern mehr nach den offensichtlichen Kaufinteressen. Das sind einmal die bereits abgehandelten kleinen Kajütboote bis 6 m Länge und die nun folgenden größeren Kajütboote, eingeteilt in drei Gruppen: bis 7 m Länge, bis 8 m Länge und bis etwa 9 m Länge. Ab 9 m oder gar über 10 m Länge beginnen dann die großen Kajütboote, die im Rahmen dieses Buches kaum interessieren.

Naturgemäß kann dieses Buch weder einen Katalog ersetzen noch Tests in Zeitschriften, die schon allein von der Aktualität her den sich wandelnden Markt und die sich stets weiterentwickelnden Bootstypen besser im Griff haben. Wenn ich hier in der jeweiligen Gruppe einzelne Boote herausgreife und etwas ausführlicher beschreibe, dann nur, um dem Leser

Muster anhand zu geben, die es sich zu merken oder gar anzusehen lohnt. Sie entsprechen mehr Grenzwerten oder Markierungspfeilern, die zeigen sollen, was in der jeweiligen Gruppe geboten werden kann. Andererseits soll auch nicht verschwiegen werden, daß die Markierung eher in Richtung „empfehlenswert" als zu negativen Grenzen weist.

Beginnen wir mit der geringsten Länge in dieser Klasse. Die Bagheera mißt 6 m Lüa bei einer Breite von 1,80 m. Tiefgang 1,04 m, Gewicht 610 kg, Ballast 250 kg. Großsegel 10,20 qm, Fock 7 qm. Preis ab etwa 16000 DM, voll ausgerüstet an die 20000 DM. Gebaut in Frankreich, vertrieben von Südnautik, 8995 Rothkreuz bei Lindau. Gute Segeleigenschaften. Yardstickzahl 94. Das Boot ist etwa bis zur Hälfte eingedeckt. Viel Cockpit und Stauraum im Heck. In der Kajüte, in die vier Kojen hineingezaubert wurden, geht es naturgemäß sehr beengt zu. Kleine Pantry, kein WC. Vom Komfort her gesehen eher ein Daysailer als ein vollwertiges Kajütboot. Vorzugsweise für zwei jüngere Leute, auch mit einem Kind, für Wochenendtörns geeignet.

Wenn es um Maßstäbe in dieser Größenordnung geht, kommt man nach wie vor an der nun schon viele Jahre bewährten Varianta, einem Kielschwerter, nicht vorbei. Sie genießt noch dazu den Vorzug, als Eintyp-Klasse vom DSV anerkannt zu sein. Aktive Klassenvereinigung und rege Regattatätigkeit kommen hinzu. Die 6,50 m Lüa und 2,10 m Breite beweisen, daß sich bei einem Boot jeder Zentimeter mehr bezahlt macht und daß hier die äußeren Maße innen maximal genutzt wurden. Tiefgang ohne Schwert 0,70 m, Gewicht 995 kg, Ballast 430 kg. Großsegel 10,5 qm, Fock 6,28 qm. Yardstickzahl 95. Vordeck und Kajütaufbau machen etwa zwei Drittel der Bootslänge aus, ohne daß das Boot wie eine schwimmende Hutschachtel wirkt. Die guten Segeleigenschaften, kombiniert mit viel Bequemlichkeit in Relation zur Bootsgröße, verhalfen der Varianta zu ihrem Dauererfolg. Im Vorschiff zwei Kojen, in der Mitte darunter Einbauraum für ein Pump-WC. Anschließend an die offene Schottwand zum eigentlichen Kajütraum an Back- und Steuerbord Spüle und Pantry. Die beiden Kajütkojen reichen nur wenig unter die Backskisten und bieten jeweils zwei Sitzplätze. Und das alles für einen Preis ab ca. 15000 DM;

voll ausgerüstet sollte man jedoch mindestens 16000 bis 20000 DM rechnen. Dehler Yachtbau, Im Langel 1, 5778 Meschede-Freienohl.

An der oberen Grenze dieser Gruppe liegt die Maxi 68, ein modern konzipierter Backdecker von 6,80 m Lüa und 2,40 m Breite. Tiefgang 1,28 m. Gewicht 1,28 t mit 50% Ballastanteil. Segelfläche am Wind 21,2 qm. Segelfläche, Tiefgang und Form des Unterwasserschiffs mit hohem Ballastanteil lassen auf gute Segeleigenschaften schließen. Yardstickzahl noch nicht bekannt; es dürfte aber sicher eine gute neunziger Zahl ermittelt werden. Die Backdeckskonstruktion (Kajütaufbau geht über die ganze Breite des Bootes) bei ohnedies hohem Freibord sorgt für viel uneingeschränkten Raum unter Deck. Die Innenaufteilung hält sich an die üblichen und in dieser Größe praktischen Gegebenheiten. Zwei Vorschiffskojen mit dem WC darunter. In der eigentlichen Kajüte zwei Sofakojen, die kaum noch in die Backskisten hineinreichen. Pantry über der Backbordkoje. Zugunsten der Kojenfläche wurde mit Schrankraum und Pantry gespart. Preis ab ca. 24000 DM, recht vollständig ausgerüstet, doch sollte man auch hier zusätzliche Kosten einkalkulieren. Hersteller: Pelle Petterson ab, Datavägen 2, 43600 Askim (Göteborg), Schweden. Verschiedene Vertretungen in der Bundesrepublik.

In diese Gruppe gehören auch die Mini (1/8)-Tonner, deren zunehmende Aktivitäten nicht ohne Wirkung auf die Konstruktionen dieser Größenordnung bleiben werden. Beispielsweise die Love-Love von der französischen Werft Jeanneau mit einer Länge von 6,60 m, Breite 2,40 m, Tiefgang 1,05 m, Verdrängung 1,05 t, 19,5 qm Segelfläche. Preis ab ca. 20000 DM. Während die Love-Love noch den gewohnten Anblick mit Kajütaufbau bietet, folgt das E-Boot (Werft Thoma, Schweiz) dem modernsten Trend zum Flushdeck, d. h. der Kajütaufbau besteht praktisch nur aus einem etwas stärker gerundeten Deck. Dieser Mini-Tonner mit Hubkiel hat einen Rumpf aus Balsa-Sandwich in Multiknickspantform. Besondere Merkmale: Im Verhältnis zur Länge sehr breit, viel Tiefgang, große Segelfläche, extrem leicht. Trotzdem sehr geschickte Raumaufteilung innen mit allem Notwendigen wie vier Kojen, mittschiffs Pantry und Spüle, WC unter den Vorschiffskojen. Die Maße des rassereinen Bootes: Länge

6,65 m, Breite 2,76 m, Tiefgang 1,37 m, Verdrängung 800 kg, Segelfläche 22 qm. Mit einem Preis ab 30 000 DM muß man rechnen.

Merkmale der Gruppe: Trailerbarkeit nur noch bedingt. Fester Hafenliegeplatz sollte vorhanden sein. Vier Kojen fast immer eingebaut. Pantry, Schrankraum und WC stark eingeschränkt. Meist keine volle Stehhöhe in der Kajüte. Die kleinen Boote dieser Gruppe eher Daysailer als echte Kajütboote; für Wochenendtörns geeignet. Mit den größeren auch längere Törns möglich. Küstentauglich. Besatzung für einen Törn: zwei Erwachsene, eventuell mit Kind.

Kajütboote von 7 bis 8 m Länge

Während die Zahl der echten Achteltonner in der Gruppe von 6 bis 7 Meter noch relativ gering ist, steht in der Größenordnung bis 8 Meter schon eine ganze Anzahl von Vierteltonnern zur Auswahl. Dazu gehören unter anderem solche Namen wie Tequila (7,20 m), Waarschip (7,25 m), Farr (7,27 m), Standfast 24 (7,30 m), Samurai (7,30 m) und Puma 24 (7,50 m). Gleichzeitig erhöht sich naturgemäß bei dieser Länge der Fahrtenkomfort. Und als dritte Komponente kommen hier schon reinrassige Klassenboote wie etwa das Nordische Folkeboot und das von ihm abgeleitete IF-Boot (aus Kunststoff) als vom DSV anerkannte ausländische Klassen hinzu. Auch in dieser Gruppe sollen drei Beispiele die verschiedenen Möglichkeiten aufzeigen.

Die Cometino 701 mißt exakt 7,0 m Lüa bei 2,60 m Breite. Tiefgang 1,10/1,45 m (Kielschwertversion auf Wunsch). Gewicht 1,4 t, Ballast 400 kg. Großsegel 10 qm, Fock 10,25 qm. Hersteller: Comar S.p.A., Forli, Italien. Verschiedene Vertretungen in der Bundesrepublik. Preis ab ca. 32 000 DM, voll ausgerüstet mindestens 35 000 DM. Segeleigenschaften auch bei rauhem Wasser gut. Motorisierung entweder Außenborder oder Einbaumotor. Aufgrund der großen Breite und des hohen Freibords des Bootes bietet die Kajüte viel Platz. Zwei Vorschiffskojen, unter der Steuerbordkoje das WC. Es folgt in der Hauptkajüte an Steuerbord die relativ große Pantry, eine schwenkbare Abdeckplatte dient entweder als Kartentisch oder als Eßtisch zwischen den Sofakojen. Großer Stauraum im Achterschiff. Trotz viel Platz und guter Ausstattung fehlt ein Schrank, wie meist bei Booten dieser Größenordnung.

Zu den schon etwas betagten, aber ausgereiften und erprobten Vierteltonnern zählt die Samurai der Werft C.N.S.O., Frankreich (Vertretung Bootsagentur Süd, Flurweg 4, 7994 Langenargen-Oberdorf.) Länge 7,40 m, Breite 2,40 m, Tiefgang 1,10 m, Gewicht 1,7 t. Segelfläche 26,6 qm. Im Gegensatz zu moderneren Konstruktionen mit großem Freibord und viel Breite wirkt die Samurai ausgesprochen schlank und niedrig, vereinigt jedoch Geschwindigkeit, Komfort und Zweckmäßigkeit. Zwei Vorschiffskojen mit dem WC unter der Steuerbordkoje. Nach dem Kajütschott an Steuerbord ein kleiner Schrank und die Spüle, an Backbord die Pantry. Anschließend die üblichen Sofakojen, die kaum in die Backskisten hineinreichen. Einbaumotor. Alles vorhanden. Preis ab ca. 30 000 DM.

In diese Gruppe fällt auch das fast schon zu den Traditionsklassen zu zählende Internationale Folkeboot (IF-Boot). Es handelt sich hier um die Kunststoffversion (Original: Vollholz, geklinkert in nordischer Kiefer oder einem gleichwertigen Holz). Länge 7,85 m, Breite 2,25 m, Tiefgang 1,21 m, Gewicht 2,15 t. Segelfläche 26 qm. Einbaumotor. Werft: Marieholms-Bruck, Schweden. Importeur: W. Nies, Schiffshandel, Börn 4, 2304 Laboe. Wer Freude an traditionellen Linien hat, findet sie hier. Das IF-Boot bietet die gleiche Seetüchtigkeit wie schon das Folkeboot bei vielleicht etwas höherer Geschwindigkeit. Die Yardstickzahlen, die hier wieder einmal vorliegen, lauten für beide Bootstypen gleich: 94. Innen wird alles Erforderliche für einen Törn geboten: zwei Vorschiffskojen, ein eigener WC-Raum, in der Hauptkajüte zwei Sofakojen, dazu kleine Pantry und Spüle. Preis ab etwa 32 000 DM, mit gut 35 000 DM sollte man aber für das voll ausgerüstete Boot rechnen.

Merkmale der Gruppe: Die Wohnlichkeit nimmt zu. Vier meist ausreichend große Kojen werden geboten, außerdem Pantry, Spüle und WC. Eigener WC-Raum ist noch nicht selbstverständlich. An Schrankraum hapert es oft. Gegenüber der kleineren Gruppe besteht meist schon die Möglich-

keit eines Einbaumotors. Die Trailerbarkeit hört endgültig auf, außer auf Tiefladern oder Spezialtransportern (ausgenommen Boote mit abnehmbarem Kiel bzw. Ballast). Liegeplatz im Hafen erforderlich. Eignung für Küste und kleine Törns bis zu 3 Personen oder zwei Erwachsene und zwei Kinder.

Kajütboote von über 8 m Länge

Bei 8 m Lüa verfließen die Grenzen zwischen den großen Vierteltonnern und den kleinen, jedoch vor allem binnen nicht zu unterschätzenden Halbtonnern. Zu den bekanntesten Vierteltonnerkonstruktionen, die auch noch Fahrtenkomfort bieten, gehören unter anderem die Ecume de Mer, Helmsman 26 und die für die Klasse schon sehr große Loper (8,20 m). Zu den kleinen Halbtonnern zählen dagegen beispielsweise die Trident 80 (8,0 m), Miranda (8,20 m) und Waarschip Halbtonner (8,70 m).

Beginnen wir mit der Ecume de Mer, die sehr harmonisch wirkt und für ihre Größe viel Raum bei guter Gliederung aufweist. Länge 8,0 m, Breite 2,70 m, Tiefgang 1,25 m, Gewicht 1,9 t. Segelfläche 24 qm. Einbaumotor. Hersteller: Mallard, Frankreich. Vertretung Süddeutschland: M. Schmidt, 7775 Bermatingen-Bahnhofsgelände; Norddeutschland: K. Teichmann oHG, 2091 Radbruch Nr. 178. Die Ecume erhielt die Yardstickzahl 93, womit ihr ein gutes Geschwindigkeitspotential bescheinigt wird. Zwei Vorschiffskojen, im Zwischenraum zur Hauptkajüte WC-Raum und gegenüberliegend der Kleiderschrank. In der Hauptkajüte an Steuerbord die Dinette mit anschließender Hundekoje. Gegenüber der Dinette die Pantry, daneben Sitzplatz und achtern anschließend eine weitere Hundekoje. Mit einem Preis von 40000 DM, voll ausgerüstet auch noch mehr, muß man rechnen.

Auch in dieser Gruppe finden wir ein Boot, das eher an traditionelle Konstruktionen und Linien erinnert, dennoch aber zu den jüngsten Klassen zählt: die skandinavische Einheitsklasse H-Boot. Diese Klasse fand hierzulande schon zahlreiche Freunde, die auch den Regattasport pflegen. Sehr schlanke Linien, relativ wenig Kajütaufbau und dementsprechend für die Größe etwas spartanischer im Innenraum. Länge 8,28 m, Breite

2,18 m, Tiefgang 1,30 m, Gewicht 1,45 t. Kein Einbaumotor. Werften: Elvström (Dänemark), Artekno und Hydrospeed (Finnland). Preis ab ca. 30 000 DM. Daß es sich um ein ausgesprochen sportliches Boot handelt, weist auch die Yardstickzahl 85 aus, die es in Sachen Geschwindigkeit immerhin mit einer Dyas auf die gleiche Stufe stellt. Zwei Vorschiffskojen, in der Mitte darunter das WC. Anschließend Pantry und gegenüberliegend ein Schrank, dann zwei Sofakojen, die etwa zu einem Drittel in die Backskisten reichen.

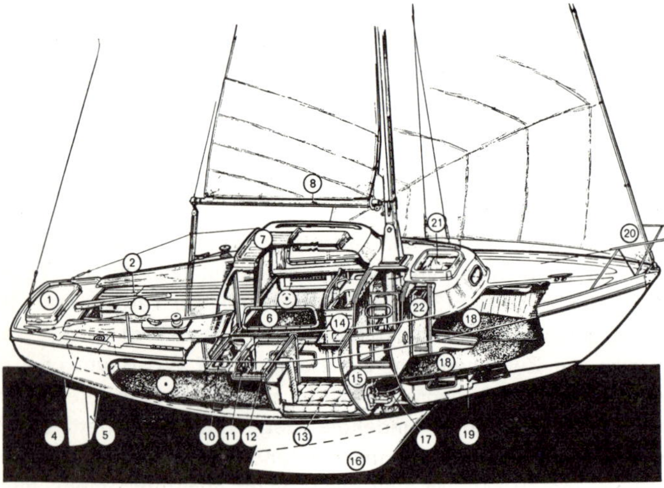

Victoire 25. Typischer kleiner Seekreuzer von ca. 8 m Lüa: 1. Luk für den achteren Stauraum, 2. abgeschotteter Raum für Gasflasche, 3. selbstlenzendes Cockpit, 4. Kraftstofftank, 5. Rudersteg, 6. unter die Cockpit-Bänke reichende Hundekojen, 7. Schiebeluk, 8. Großbaum, 9. verschließbares Schränkchen, 10. Einbaumaschine, 11. klappbarer Kartentisch, 12. Stauraum, 13. Sitzbank, 14. verstellbarer Tisch, 15. Toilettenschrank, 16. kunststoffüberzogener Gußeisenballast, 17. Pump-WC, 18. Vorschiffs-Kojen, 19. Stauraum, 20. Bugkorb, 21. lichtdurchlässiges Vorluk, 22. Kleiderschrank.

Die Werft Waarschip trat vor gut 10 Jahren hierzulande erstmals mit einem kleinen Kajütboot in geklinkerter Sperrholzbauweise auf (auch Ausbauschalen). Die saubere Verarbeitung beeindruckte schon damals. Inzwischen erwarb sich die Werft mit ihrem Vierteltonner ein Renommee. Der Einstieg in die Halbtonnerklasse erfolgte sozusagen zwangsläufig. Auch hier blieb die Werft dem Sperrholzbau treu (ebenfalls Bausätze in verschiedenen Ausbaustufen). Länge 8,70 m, Breite 3,0 m, Tiefgang 1,20 m, Gewicht 3,0 t. Segelfläche 42 qm. Einbaumotor. Werft: Waarschip B.V., Hofdweg 103, NL 't Waar 8316 (Groningen), Holland. Preis der Bausätze ab ca. 30 000 DM, das voll ausgerüstete Boot kostet gut und gern das Doppelte. Zwei Vorschiffskojen, anschließend WC und gegenüber Schrankraum. In der Hauptkajüte an Steuerbord Sofa- und Lotsenkoje, anschließend Kartentisch und Hundekoje, an Backbord Sofakoje und neben dem Niedergang große Pantry. Hier unterliegt das Leben an Bord kaum noch Einschränkungen.

Merkmale der Gruppe: Abgesehen von rein sportlich ausgelegten Booten, die aber auch schon vier vollwertige Kojen bieten, ein Komfort, der Leben und Hygiene an Bord ohne lästige Kompromisse ermöglicht. Höhe in der Kajüte im allgemeinen mindestens 1,70 m. Wenigstens teilabgeschottetes WC. Vier Erwachsene können auf einem kürzeren Törn zurechtkommen, ohne sich gegenseitig auf den Zehen zu stehen. Mit zwei Erwachsenen und zwei Kindern kann man es auch mal längere Zeit aushalten. Fünf Schlafplätze sind möglich, jedoch herrscht dann schon wieder drangvolle Enge; nur kurzfristig nutzbar. Hafenliegeplatz erforderlich. Beweglichkeit von Revier zu Revier stark eingeschränkt. Wenn nach IOR-Vorschriften und -Ausrüstungsbestimmungen gebaut, auch voll seetauglich.

Über 9 m Lüa fallen dann mit jedem weiteren Zentimeter letzte Einschränkungen. Bequemlichkeit und Einrichtung der Yacht sind dann mehr oder weniger nur noch eine Frage des Geldes. Voll ausgerüstet beginnt der große Spaß ab etwa 80 000 bis 100 000 DM. Nach oben gibt es kaum Grenzen. Dieses Thema steht hier jedoch nicht zur Debatte.

Komfort, Ausrüstung, Sicherheit

Sehen Sie mir bitte nach, daß ich abermals auf Vorschriften der IOR zurückgreife. Es ist meines Wissens die einzige Stelle, von der Erfahrungen aus vielfältiger Praxis in Vorschriften zusammengefaßt wurden, die entgegen berufsgenossenschaftlicher Bestimmungen speziell auf den Yachtsegler zugeschnitten sind. Dabei zieht auch das Gegenargument nicht, daß ein Boot eventuell weder für Regatten gebaut sei, noch nach IOR vermessen werden solle. Auch der Familienskipper auf kurzem Wochenendtörn sollte sich über Mindestforderungen an Bequemlichkeit und Sicherheit im klaren sein.
Aus den teils recht umfangreichen Vorschriften für die Tonner, aufgegliedert nach Seegebieten und Bootsgrößen, wollen wir hier nur die wichtigsten Punkte herausgreifen, die auch für die Familiencrew interessant sind und sich verwirklichen lassen. Der Einfachheit halber soll das Kapitel auch auf die Tonnergrößen beschränkt bleiben, die im vorangegangenen Kapitel ausführlicher erwähnt wurden, also vor allem Viertel- und Halbtonner.
So gelten beispielsweise für Vierteltonner (Halbtonner jeweils in Klammern) folgende Mindestmaße in der Kajüte: Lichte Höhe in der Mittelachse der Kajüte 1,28 m (1,68 m) auf eine Länge von 1,0 m (1,17 m). Die volle Höhe muß jeweils von der Mittelachse zu jeder Seite in einer Breite von 0,08 m (0,13 m) gewährleistet sein. Die Schlafkojen sollen mindestens 1,85 m lang und 55 cm breit sein, lichte Höhe über den Kojen 30 cm. Hier handelt es sich um das absolute Minimum. Ab Dreivierteltonner werden 190x60x40 cm vorgeschrieben, was ich auf einem nicht zu spartanisch ausgelegten Boot vorziehen würde. An Frischwasserkapazität sind vorgeschrieben: 35 Liter (50 Liter). Auch hier kann es nicht schaden, die nächsten Tonnergrößen mit 75 und 100 Liter Kapazität anzupeilen.
Häufig geraten Boote in Seenot, weil es schlichtweg an der Mannschaftsstärke — sprich Zahl der Besatzung — mangelt. Es dürfte kaum übertrieben sein, wenn hier festgestellt wird, daß zwar die Boote hartes Wetter relativ unbeschadet überstehen, die Mannschaft jedoch mangels Kopfzahl und/oder Erfahrung das Boot nicht mehr halten kann. Zu geringe Mannschaftsstärke führt zu Überanstrengung, Übermüdung und oft auch

durch Seekrankheit zur katastrophalen Dezimierung. Deshalb hier die vorgeschriebenen Mannschaftsstärken für hartes Segeln: Vierteltonner mindestens 3, maximal 4 Crewmitglieder, Halbtonner mindestens 3, maximal 5. Frauen und Kinder können wegen der fehlenden Kraft nicht immer und nicht uneingeschränkt als vollwertige Crewmitglieder gelten, vor allem im Anfängerstadium. Natürlich gibt es Frauen und Jugendliche, die den Anforderungen gerecht werden. Doch auch hier: Ausnahmen bestätigen die Regel.

Zu den baulichen Erfordernissen gehören unter anderem ein selbstlenzendes Cockpit und eine Seereling. Yachten unter Halbtonnergröße sollten mindestens einen Relingsdraht 45 cm über dem Arbeitsdeck führen. Bei mehr als 56 cm über dem Arbeitsdeck müssen zwei Relingsdrähte gespannt sein. Ab Halbtonnergröße sind zwei Relingsdrähte vorgeschrieben, Mindesthöhe über dem Arbeitsdeck 60 cm. Alle Luken müssen wasserdicht verschließbar sein. Bug- und Heckkorb sind vorgeschrieben, wobei letzterer durch einen entsprechenden Relingsdraht ersetzt werden kann. Relingsstützen müssen durchgebolzt bzw. angeschweißt sein, Abstand von der Decksaußenkante maximal 15 cm. Größter Abstand der Relingsstützen voneinander höchstens 2,15 m.

An allgemeiner Ausrüstung wird gefordert: mindestens eine Sturmfock (Vierteltonner höchstens 3,72 qm, Halbtonner höchstens 5,57 qm), Reffeinrichtung für das Großsegel, Notpinne, Werkzeug (u. a. mit Metallsäge und Wantenschneider) und ein Radioapparat für den Empfang von Wettermeldungen.

Zur Notausrüstung gehören unbedingt: für jedes Crewmitglied eine Rettungsweste mit Trillerpfeife und ein Sicherheitsgurt, Rettungsring (Hufeisentyp) mit Trillerpfeife und Seeanker bzw. mit schwimmender Perlonleine — nachts mit einer schwimmenden automatischen Rettungsleuchte —, Lifeleinen, Notsignale (möglichst Fallschirmsignale), eine schwimmfähige Wurfleine 15 bis 20 m lang, ein Feuerlöscher, vom Cockpit aus mit Hand zu betreibende Bilgepumpe, Anker und Ankertrosse, wassergeschützte Taschenlampe (mit Ersatzbirnen und -batterien), Verbandskasten — wie für das Auto üblich — Nebelhorn, Kompaß, Absperrhähne für alle Kraftstofftanks, Navigationslichter entsprechend den örtlichen Vorschriften.

Bleibt nur hinzuzufügen, daß auch ein Batteriehauptschalter zum Sicherheitsstandard gehören sollte.

Klassen

Im letzten Kapitel sprachen wir von den verschiedensten Bootstypen, von der Jolle bis zum Kajütboot, und für welche Zwecke und Gegebenheiten sich der jeweilige Typ am besten eignet. Dabei kam die Sprache auch auf die sogenannten Klassenboote. Das mag bei einer Kaufberatung für Anfänger verwundern. Doch wir wissen ja nun bereits, daß auch der Anfänger durchaus ein Klassenboot in seine Kaufüberlegungen mit einbeziehen kann.
Hier die Punkte zusammengefaßt und auf einen kurzen Nenner gebracht, die für ein Klassenboot sprechen:

✳ Es gibt inzwischen so zahlreiche Klassen, die hierzulande anerkannt sind, daß jeder seinem Können und seinen Verhältnissen entsprechend ein passendes Boot finden kann.

✳ Es ist ein Irrtum, anzunehmen, daß alle Klassenboote an den Anfänger so hohe Ansprüche stellen würden, daß er damit nicht zurecht käme. In einzelnen Klassen allerdings trifft das zu.

✳ Das Kaufrisiko bei einem Klassenboot ist geringer als bei einer unbekannten Konstruktion. Im allgemeinen müssen Klassenboote ihre Qualitäten unter Beweis gestellt haben, bevor sie vom jeweils zuständigen Verband anerkannt wurden. Das kann in Ausscheidungsregatten geschehen sein. Eine Klasse kann sich jedoch auch aufgrund ihrer Qualitäten so stark verbreitet haben, daß sie schließlich den offiziellen Segen erhielt.

✳ Wird ein Bootstyp als Klasse anerkannt, dann werden gleichzeitig Vermessungsvorschriften und Baunormen festgelegt. Damit hat man die Garantie, daß jedes Boot einem Mindeststandard entsprechen muß.

✳ Klassenboote werden in Regatten gesegelt. Gute und schlechte Qualität sprechen sich herum. Oft konkurrieren mehrere Werften und verschiedene Konstrukteure in einundderselben Klasse miteinander. Da muß etwas geboten werden, um sich durchzusetzen.

✳ Rennerfahrungen führen zu Weiterentwicklungen im Detail. Klassenboote sind daher bis in Einzelheiten durchdacht und ausgereift. Wichtig ist schnelle und einfache Handhabung. Das kommt auch dem Anfänger entgegen.

✳ Das alte Lied: Clubmitgliedschaft und Liegeplatz sind mit Klassenbooten leichter zu erhalten.

✳ Hersteller von Klassenbooten sind im allgemeinen servicefreudiger und Wünschen der Segler gegenüber aufgeschlossener. Sie nehmen meist auch Anregungen gerne auf. Schließlich sind sie selbst daran interessiert, daß ihr Boot einen guten Ruf genießt.

✳ Je größer eine Klasse ist, desto mehr Klassenkameraden findet man auf einem Revier vor. Das macht nicht nur mehr Spaß als allein herumzusegeln; gerade der Anfänger findet in der Klassengemeinschaft Hilfe und Anregung, die ihm sehr von Nutzen sein kann.

✳ Ein Klassenboot verliert seinen Wert langsamer als ein unbekannter Typ. Es ist also auch eine Frage des „Betriebskostenrisikos", ob man sich für ein Klassenboot entscheidet. Betriebskosten setzen sich aus laufenden Aufwendungen und dem Wertverlust zusammen. Der Anteil des Wertverlustes kann dabei erheblich zu Buche schlagen.

Vorschriften

Abgesehen von Ausnahmen, müssen bei Anerkennung einer Konstruktion die Baupläne und Bauvorschriften freigegeben sein. Damit kann jede Werft den Typ bauen und gegen andere Bauwerften konkurrieren. Eine Klasse soll nicht das Monopol einer Werft sein. Einmal könnte das Monopol zu Preismanipulationen ausgenutzt werden, zum anderen bestünde

die Gefahr, daß eine Monopolwerft sich auf ihren Lorbeeren ausruht und nur noch in Serie baut, ohne sich um Verbesserungen zu kümmern.
Ausnahmen sind in jüngster Zeit die sogenannten Eintyp-Klassen, die jeweils von einer Werft entwickelt wurden. Weil sie eine Lücke in den anerkannten Klassen ausnützten und den Wünschen vieler Segler entgegenkamen, weil sie preisgünstig waren und gute Segeleigenschaften aufwiesen, konnten sie sich zunächst auch ohne offizielle Anerkennung stark verbreiten. Am Ende dieser Entwicklung stand dann die Anerkennung als Eintyp-Klasse (früher Werftklasse).
Im großen und ganzen, ohne hier zu sehr in die Einzelheiten zu gehen, kann man die Klassen nach Bauvorschriften in vier große Gruppen einteilen:

1. Einheitsklassen
2. Grenzmaßklassen
3. Formelklassen
4. Ausgleichsklassen

Die Eintyp-Klassen wurden bereits erwähnt. Die Revierklassen, die jeweils nur auf einem Revier zu finden und vom örtlichen Verband anerkannt sind, sollen hier der Übersichtlichkeit halber unberücksichtigt bleiben.

Einheitsklassen

Bei Einheitsklassen gehen die Bauvorschriften und die Baumaße bis ins Detail. Gewicht, Werkstoff, Maße und Beschläge lassen kaum Toleranzen zu. Damit sollen allen Seglern in der jeweiligen Klasse möglichst gleiche Chancen bei Wettfahrten eingeräumt werden. In echten Einheitsklassen behalten ältere Boote ihren Wert und können durchaus noch mit Neubauten mithalten.
Eine solche Einheitsklasse neueren Datums ist zum Beispiel der Vaurien. In dieser Klasse geht die Überwachung der Bautätigkeit sogar so weit, daß in jedem Land nur eine Baulizenz an eine Werft vergeben wird, um Qualität und Preis unter Kontrolle halten zu können.
Bei anderen Einheitsklassen beschränken sich die Bauvorschriften auf alle wichtigen Teile, die die Geschwindigkeit und die Sicherheit beein-

flussen. Die Konstrukteure erhalten damit im beschränkten Maß die Möglichkeit, neue Materialien und Beschläge auszuprobieren.
Auch in der Konstruktion können bei Einheitsklassen noch geringfügige Toleranzlücken vorhanden sein. Sie genügen, von Werften und Konstrukteuren geschickt ausgenützt, um neueren Booten Vorteile zu verschaffen.

Grenzmaßklassen

Hier sind, je nach Mindest- und Höchstmaß, Baumaterial und Ausbauvorschriften festgelegt. Ein gutes Beispiel dafür sind die Jollenkreuzer. Größte Länge und Mindestbreite legen in etwa die Bootsgröße fest. Ein 15er darf maximal 6,50 m lang sein, ein 16er maximal 7,00 m und ein 20er maximal 7,75 m. Diese Maximalmaße werden praktisch bei allen Jollenkreuzer-Konstruktionen voll ausgenutzt. Wenn man also beispielsweise ein Boot angeboten bekommt, das kürzer ist, dann wurde das Maximalmaß nicht voll genutzt. Eine solche Konstruktion ist zumindest mit Skepsis zu betrachten. Wurde jedoch das Maximalmaß überschritten, dann ist das Boot nicht vermessungsfähig. Es hat einen viel geringeren Wert als ein nach Klassenvorschrift gebautes Boot. Die Mindestbreite hat dagegen ihren Sinn als Grenzmaß schon lange verloren. Einst glaubte man nämlich, daß schmale Boote grundsätzlich zu bevorzugen wären. Inzwischen hat man längst erkannt, daß Breite Formstabilität bringt, das Boot steifer segeln läßt und Geschwindigkeitszuwachs bedeuten kann. Statt des festgelegten Mindestmaßes von 1,80 m ist heute der 15er ca. 2,25 m breit. Ähnlich ist es auch bei den anderen Typen. 16er und 20er kommen heute schon auf 2,40 m Breite, in extremen Fällen sogar auf noch mehr.
Die Segelfläche ist auf eine vermessene maximale Quadratmeterzahl begrenzt, jedoch bleibt ausreichender Spielraum, den Anteil des Großsegels größer zu halten oder aber den des Vorsegeldreiecks. Dazu kommen Bauvorschriften, die ein Minimum an Wohnlichkeit gewährleisten sollen.
Grenzmaßklassen legen also im Prinzip einen großen Rahmen fest, in dem der Konstrukteur nach der besten Lösung suchen kann. Gute Konstruktionen können sich auf Jahre hinaus bewähren und verlieren ihren

Wert nicht so schnell, wie man bei diesen Konstruktionsbedingungen annehmen könnte.

Formelklassen

Formelklassen sind sozusagen eine logische Fortsetzung der Grenzmaßklassen. In der Formel werden jedoch die Maße im einzelnen nicht so beschnitten. Die wichtigsten Maße einer Formelkonstruktion werden in die Formel eingesetzt und müssen im Endergebnis dem Formelwert entsprechen. Der Konstrukteur hat hier also noch mehr Freiheit als in der Grenzmaßklasse. Er kann sich beispielsweise für eine Leichtwetterkonstruktion entscheiden oder für eine Konstruktion, die ihre Vorteile bei viel Wind und Seegang hat, oder auch versuchen, beides auf einen Kompromiß-Nenner zu bringen.
Um es einmal sehr zu vereinfachen: Der Konstrukteur kann Segelfläche, Wasserlinienlänge, Ballast, Tiefgang oder andere wesentliche Faktoren gegeneinander variieren. Addiert man zum Schluß die ganzen Vergütungen oder Bestrafungen, dann muß der Formelwert herauskommen. Ein typisches Beispiel dafür ist die 5,5-m-Klasse. 5,5 m ist dabei der Formelwert und hat nichts mit der Länge über alles oder der Wasserlinienlänge zu tun (der 5,5er war von 1952 bis 1968 Olympia-Klasse).
Formel-Yachten in diesem Sinne sind neuerdings praktisch auch die Rennwert-Klassen, also die Tonner. Da für jede der verschiedenen Tonnerklassen ein Formelwert festgelegt ist, streben alle Konstrukteure diesem Maximum an Formelausnutzung zu. Der Konstrukteur wird sich bemühen, sein Boot in der Berechnung beispielsweise in der Halbtonner-Kategorie möglichst nahe an den Maximalwert heranzubringen.

Ausgleichsklassen

In den Ausgleichsformeln geht man dagegen den umgekehrten Weg, jedenfalls in den meisten Fällen. Ein Boot wird beispielsweise weitgehend nach den Wünschen des Eigners gebaut. Obwohl es eine Einzelanfertigung ist, möchte der Eigner auch Regatten segeln. Das Schiff muß dann nach der Ausgleichsformel — das ist bei uns seit 1971 die schon mehrfach erwähnte IOR-Formel — vermessen werden.

In eine sehr komplizierte Rechnung werden durch die offiziellen Vermesser des DSV die entsprechenden Werte der Yacht eingesetzt. Ein Computer errechnet dann den IOR-Wert. Das Boot erhält beispielsweise den Wert 20,9 ft. Es muß dann pro Stunde um eine ganz genau festgelegte Zeit schneller sein als ein niedriger vermessenes Boot von beispielsweise 19,5 ft, (beide IOR-Klasse VI), damit es nach berechneter Zeit noch gewinnen kann. Umgekehrt kann es gegenüber einem Boot mit höherem IOR-Wert entsprechend langsamer segeln, um aufgrund der Zeitvergütung nach berechneter Zeit trotzdem noch zu gewinnen.
Boote mit gleichem IOR-Wert können natürlich auch als Gruppe und dementsprechend ohne Vergütung direkt gegeneinander wie in einer Klasse segeln. Es können auch ganze Gruppen zusammengefaßt werden, also zum Beispiel die Boote von 21,0 bis 22,9 ft (IOR-Klasse V), und bei Einverständnis der Regattateilnehmer unvergütet gegeneinander segeln. Befriedigend ist diese letztgenannte Lösung jedoch nicht, denn sie bevorzugt die höheren IOR-Werte innerhalb einer Gruppe. Normalerweise müßte ein Boot mit 22,9 ft einem Boot mit 21,0 ft glatt überlegen sein.
Ganz zufriedenstellen kann eine Ausgleichsformel nie, gleichgültig ob nun nach gesegelter oder nach berechneter Zeit gewertet wird. Es ist aber die einzige Lösung, recht unterschiedliche Boote gegeneinander segeln zu lassen. Sie gibt auch die Möglichkeit, jene Boote zu klassifizieren, die nicht als Einzelanfertigung für einen Eigner entstanden sind, sondern von einer Werft nach eigenen Vorstellungen entwickelt und in Serie gebaut wurden. Nach IOR können alle Kiel-, Kimmkiel- und Kielschwertboote vermessen werden, also praktisch alle kleineren und größeren Kajütkielboote, die heute auf Bootsausstellungen zu sehen sind.
Nachdem bei den Tonnern ständig von Rating, IOR, Fuß (ft) und Metern (m) gesprochen wurde, müssen wir hier des besseren Verständnisses wegen einmal kurz ins Detail gehen. Ursprünglich entwickelte jeder Seglerverband, jede Nation, ja oft sogar jedes Revier seine eigene Ausgleichsformel. In Deutschland gab es die KR-Formel (Kreuzer-Rennwert), in England die RORC-Formel und in Amerika die CCA-Formel. Manche international regattierende Yachten besassen aus diesem Grunde drei verschiedene Riggs. Seit etwa 1970 hat nun dieses Formelwirrwarr ein

Ende. Von Nord bis Süd und von Ost bis West wird nach der International Offshore Rule (IOR)-Vermessung gesegelt. Im Entwicklungszustand hieß die Formel Mark I, als sie wirksam wurde war es bereits Mark II und mit kleinen Änderungen wird seit 1972/73 nach Mark III vermessen, da einige Löcher zu stopfen waren, die clevere Konstrukteure entdeckt hatten.

Die Formel auch nur annähernd genau und verständlich zu erklären, ist im Rahmen dieses Buches einfach unmöglich. Dafür benötigt man ein eigenes Buch etwa gleicher Dimension: „IOR-Formel verständlich gemacht" (im gleichen Verlag). Ich möchte jedoch Neugierige warnen. Das ist nichts für Anfänger!

Kurz und gut: Aus den verschiedensten Maßen des Bootes — von Rumpf bis Rigg — werden von einem amtlichen Vermesser die einzelnen Werte abgenommen. Dazu sind zwei Vermessungsgänge nötig, einmal an Land und einmal im Wasser. Die Auswertung der Daten erfolgt über Computer. Man erhält schließlich den Rennwert, das Rating. Hier zur optischen Erbauung die Formel, die sich wiederum nur über soundsoviele Zwischenformeln bestimmen läßt:

$$R = \left(0{,}13\,\frac{L \times \sqrt{S}}{\sqrt{B \times D}} + 0{,}25\,L\;0{,}20\,\sqrt{S} + DC + FC\right) \times EPF \times CGF \times MAF$$

Dabei bedeutet DC die Tiefgangskorrektur, FC die Freibordkorrektur, EPF die Motor- und Propellerkorrektur, CGF den Gewichtsschwerpunktfaktor und MAF den Faktor für bewegliche Anhänge.

Wichtig für das Vorsegel — das ist ja ein Faktor, den man ohne großen Aufwand verändern kann — ist das LP bzw. das LPG. Es handelt sich dabei um eine parallel zum Vorstag gedachte Linie, über die das größte Vorsegel nicht hinausragen darf (mit dem Schothorn). Das LPG beeinflußt sehr stark S, die Segelfläche. Hier kann man also am leichtesten Korrekturen anbringen, um in die jeweilige günstige IOR-Klasse hineinzukommen.

In jedem Fall sollte man sich mit dem amtlichen Vermesser vor jeder Veränderung am Boot unterhalten, um zu erkunden, welche Folgen einzelne Änderungen haben können, vor allem, ob sie im jeweiligen Revier auch wirklich etwas einbringen.

Nun gibt es wieder zwei Möglichkeiten. Entweder

- ✳ man bringt das Boot in eine der Tonnerklassen hinein. Das sind 16 ft für Achteltonner, 5,5 m (oder 18,0 ft) für Vierteltonner, 6,6 m (oder 21,7 ft) für Halbtonner, 24,5 ft für Dreivierteltonner, 27,5 ft für Eintonner und 32,0 ft für Zweitonner. Das Rating kann man sowohl in ft wie in m errechnen. Die Umrechnung ergibt eventuell feine Unterschiede. Man beachte, daß Viertel- und Halbtonner international nach m vermessen werden, alle anderen nach ft.

- ✳ Oder man hält sich ganz einfach an die IOR-Klassen und versucht, sein Boot in die Obergrenze der jeweiligen Klasse zu bringen. Hier die wichtigsten IOR-Klassen mit ihren Rennwertgrenzen in Fuß:

Klasse VIII	16,0 bis 17,4 ft
Klasse VII	17,5 bis 18,9 ft
Klasse VI	19,0 bis 20,9 ft
Klasse V	21,0 bis 22,9 ft
Klasse IV	23,0 bis 25,4 ft
Klasse III	25,5 bis 28,9 ft
Klasse II	29,0 bis 32,9 ft
Klasse I	33,0 bis 70,0 ft

Es kommt noch eine weitere Überlegung hinzu. Meist lohnt es sich, in die Obergrenze einer Klasse hineinzuvermessen, beispielsweise 18,9 ft. Denn wenn Bootsgruppen unvergütet in einer Klasse zusammengefaßt werden, dann ist man natürlich mit einem Boot an der Obergrenze der Klasse im Vorteil. Doch selbst wenn die Klasse zusammen segelt und die gesegelte Zeit nach dem Zeitberichtigungsfaktor in die berechnete Zeit umgerechnet wird, können bei kürzeren Dreiecksregatten die niedriger vermessenen Boote kaum die Vergütung heraussegeln.
Damit wird schon gesagt, worum es sich bei den ganzen Ausgleicherregatten handelt. Niedriger vermessene Boote erhalten eine Vergütung,

sie können also etwas langsamer segeln als höher vermessene Yachten, um trotzdem nach berechneter — nicht gesegelter — Zeit zu gewinnen. Selbst bei Werften kann man in Sachen IOR zum Teil noch Unsicherheiten antreffen. So werden beispielsweise Boote mit 22,0 ft IOR als Halbtonner propagiert. Das ist falsch (s. o.). Andere Boote werden mit exakten Angaben in ft angeboten, doch wie es um die wirkliche Vermessung steht, weiß keiner so recht. Wer es ernst nimmt, muß einen gültigen Meßbrief für das voll ausgerüstete Boot verlangen. Sonst kann es böse Überraschungen geben.

Im übrigen sollte man sich durch Meßwerte nicht allzusehr beirren lassen. Wenn sich die Regatta-Ambitionen in Grenzen halten, überwiegen sicher Komfort an Bord und Preis. Mit kleinen Retuschen (s. LP) läßt sich dann der IOR-Wert in der einen oder anderen Richtung verändern.

Es lohnt sich in jedem Fall, wenigstens um diese IOR zu wissen, um letztlich nicht auf dem völlig falschen Dampfer zu sitzen. Schließlich gibt das IOR-Rating auch einen ungefähren Anhaltspunkt über die mögliche Geschwindigkeitspotenz des Bootes.

Anerkannte Bootsklassen

1. Internationale Klassen, zur Zeit auch olympische Klassen:

Finn-Dinghy
Einheitsklasse. Olympia-Klasse seit 1952. Einmann-Jolle. Catgetakelt (nur Großsegel). Lüa 4,50 m, Breite 1,51 m, Rumpfgewicht 105 kg, Segelfläche 10 qm. Segelzeichen Doppelwelle.

470er
Einheitsklasse. Seit 1976 Olympia-Klasse. Zweimann-Jolle. Slupgetakelt (Großsegel, Vorsegel und Spinnaker). Lüa 4,70 m, Breite 1,68 m, Gewicht 118 kg, Segelfläche 12,70 qm. Segelzeichen 470.

Flying Dutchman (FD)
Einheitsklasse. Olympisch seit 1960. Zweimann-Jolle. Slupgetakelt (Großsegel, Vorsegel und Spinnaker). Lüa 6,05 m, Breite 1,80 m, Rumpfgewicht 125 kg, Großsegel 10 qm, Genua 8,4 qm, Spinnaker 18 qm. Segelzeichen FD.

Starklasse
Einheitsklasse. Zweimann-Kielboot. Offen (ohne Kajüte). Slupgetakelt (Großsegel und Fock, kein Spinnaker erlaubt). Lüa 6,92 m, Breite 1,73 m, Gewicht ca. 600 kg, Segelfläche 26,1 qm. Segelzeichen Stern. Olympisch 1932—72, wieder nach 1976.

Soling
Einheitsklasse. 1972 erstmals Olympia-Klasse. Dreimann-Kielboot. Offen (ohne Kajüte). Slupgetakelt (Großsegel, Vorsegel, Spinnaker). Lüa 8,15 m, Breite 1,90 m, Verdrängung 1000 kg, Segelfläche 21,70 qm. Segelzeichen stilisiertes Omega (Ω).

Tornado
Einheitsklasse. Olympia-Klasse seit 1976. Zweimann-Katamaran (Doppelrumpfboot). Slupgetakelt (Groß- und Vorsegel). Lüa 6,10 m, Breite 3,05 m, Gewicht 165 kg, Segelfläche 21,80 qm. Segelzeichen: stilisiertes T.

2. Internationale Klassen:

Zwei Dutzend Bootstypen fanden inzwischen die Anerkennung durch die IYRU — International Yacht Racing Union. Im Rahmen dieses Buches soll eine Auswahl der Boote, die sich für den Anfänger eignen und eine entsprechende Verbreitung auf unseren Revieren aufweisen können, genügen.

Optimistklasse
Einheitsklasse. Ein„Mann"-Jolle. Sprietgetakelt (nur Großsegel). Jüngstenklasse. Der Optimist ist eine Art Seifenkiste unter den Segelbooten. Das kleine und preiswerte Bootchen, das auch als Bausatz geliefert wird und leicht selbst zusammengebaut werden kann, soll vor allem die Jüngsten zum Segelsport führen. Für Erwachsene, auch wenn das Geld noch so knapp ist, kann man das Boot nicht empfehlen. Geeignet ist es jedoch für Yachten als Beiboot, das zugleich dem Nachwuchs zum Segeln dient. Lüa 2,31 m, Breite 1,13 m, Gewicht ca. 30 kg, Segelfläche 3,5 qm. Preis ab ca. 1300 DM.

Moth
Grenzmaßklasse. Einmann-Jolle. Catgetakelt (nur Großsegel). Die Moth sollte vor allem den Konstrukteur und Selbstbauer ansprechen. Die Vermessungsmaße beschränkten sich auf einige wenige Grundmaße. Innerhalb dieser recht weit gesteckten Grenzen konnte jeder seinen Ideen nachgehen. Wie so oft, setzten sich bald einige wenige Konstruktionen durch. Heute hat der Eigenkonstrukteur und Selbstbauer kaum noch Chancen, gegen die erfolgreichen Konstruktionen und industriell hergestellten Boote anzugehen. Als preiswerte Vorstufe zum Finn sollte das Boot auch vom Anfänger in Betracht gezogen werden. Wer gern allein segelt und keine Mannschaftssorgen haben möchte, der ist mit der Moth gut bedient. Lüa 3,35 m, Breite 1,70 m, Rumpfgewicht ca. 29 kg, Segelfläche 7,90 qm. Preis ab ca. 2500 DM.

Vaurien
Einheitsklasse. Zweimann-Jolle. Slupgetakelt (Großsegel und Fock). Sehr einfache Jolle, die zunächst als Segelschulboot entworfen wurde, sich

aber aufgrund ihrer Preiswürdigkeit und guten Segeleigenschaften sehr schnell verbreitete. Heute gibt es in den verschiedensten Ländern mehr als 20000 Vauriens. In dieser Klasse werden Weltmeisterschaften ausgesegelt. Preis ab ca. 3300 DM. Lüa 4,08 m, Breite 1,47 m, Gewicht ca. 95 kg, Segelfläche 8,10 qm.

Flying Junior
Einheitsklasse. Zweimann-Jolle. Slupgetakelt (Großsegel, Fock, Spinnaker). Der Flying Junior wurde als preiswerte Vorstufe zum FD konstruiert, wie der Name schon andeutet. Im Gegensatz zum Korsar, der unter ähnlichen Voraussetzungen entwickelt wurde, ist der FJ wesentlich kleiner und erheblich billiger. Der FJ ist ein kleines, aber durchaus vollwertiges Segelboot. Er sollte daher vom Anfänger bei der Auswahl unter kleinen Jollen auf alle Fälle mit in Betracht gezogen werden. Lüa 4,03 m, Breite 1,55 m, Gewicht ca. 90 kg, Segelfläche 9,30 qm. Preis ca. 3900 DM. Seit 1969 internationale Klasse.

420er
Einheitsklasse. Zweimann-Jolle. Slupgetakelt (Großsegel, Fock, Spinnaker). Der 420er ist wie der 5-0-5er eine französische Konstruktion. Er wurde speziell für den Kunststoffbau entworfen und sollte die Lücke zwischen den kleinen Jollen und dem teuren 5-0-5er schließen. Der 420er ist eine vollwertige kleine Jolle. Kleinere Boote als der 420er müssen mehr oder weniger ein Kompromiß bleiben. Neben Vaurien und FJ ist der 420er eine der vernünftigsten Erstanschaffungen für den Anfänger, wenn er eine Jolle will, auf vollwertiges Jollensegeln Wert legt und notgedrungen Geld sparen muß. Natürlich immer vorausgesetzt, daß er gleich in eine Klasse einsteigen will. Lüa 4,20 m, Breite 1,63 m, Gewicht ca. 98 kg, Segelfläche 10,25 qm. Preis ca. 4500 DM.

Fireball
Der Fireball ist eine sehr lebendige Zweimann-Jolle mit allen Schikanen, also Großsegel, Vorsegel, Spinnaker und Trapezeinrichtung. Den Bootskörper kann man am besten als eine Art Mittelding zwischen Segelbrett und bauchiger Jolle bezeichnen (Scow); lang, schmal und flach mit breitem Bug. Seglerisch interessant, aber für den blutigen Anfänger nur be-

dingt tauglich; sportlich ambitionierten jüngeren Leuten jedoch zu empfehlen. Lüa 4,93 m, Breite 1,41 m, Gewicht 90 kg, Segelfläche 13,42 qm.

Als internationale Klassen noch erwähnenswert: Europe — Einheitsklasse, aus der Moth entwickelt, Laser, Contender und 505er als hochwertige Rennjollen, ebenso die OK-Jolle. Dazu die ehemaligen Olympioniken Tempest — offenes Zweimann-Kielboot — und Drache — Dreimann-Kielboot mit kleiner Kajüteindeckung. Schließlich A-Catamaran und die Tonner-Yachten. Die Snipe konnte sich hierzulande nicht gegen den Pirat durchsetzen, der Lightning blieb im Schatten des Zugvogel (siehe Nationale Klassen).

3. Nationale DSV-Verbandsklassen

Jeton

Moderne Zweimann-Jolle, die aus einer Werft-Klasse (Klepper-Werke, Rosenheim) hervorging. Sehr sportlich zu segeln. Kein reines Anfängerboot, aber mit einem Preis von noch unter 6000 DM guter Einstieg für sportlich ambitionierte Segler in eine nationale Jollenklasse. Bietet alle segeltechnischen Möglichkeiten. Großsegel, Vorsegel, Spinnaker und Trapezeinrichtung. Lüa 4,95 m, Breite 1,82 m, Gewicht 135 kg, Großsegel 10,83 qm, Fock 4,72 qm.

Piratenjolle

Einheitsklasse. Zweimann-Jolle. Slupgetakelt (Großsegel, Fock, neuerdings auch Spinnaker erlaubt). Das nun schon klassische Anfänger-, Jugend- und Regattaboot entstand vor dem zweiten Weltkrieg. Als preiswerte Vollholz-Knickspant-Konstruktion, die auch für den Eigenbau geeignet ist, im Auftrag der „Yacht" von Carl Martens entwickelt. Solide Konstruktion, gute Segeleigenschaften auch bei rauhem Wetter, aber modernen Gleitjollen unterlegen. Neubauten — wie so oft bei Klassenbooten — recht teuer, etwa ab 7500 DM. Für den Anfänger ist besonders das große Gebrauchtboote-Angebot interessant. Lüa 5,00 m, Breite 1,60 m, Gewicht ca. 170 kg, Segelfläche (ohne Spinnaker) 10 qm. Segelzeichen Beil.

Olympia-Jolle
Einheitsklasse. Einmann-Jolle. Catgetakelt (nur Großsegel). Für die Olympiade 1936 konstruiert. Abgelöst durch das Finn. Das Boot hat jedoch immer noch zahlreiche Freunde. Leichter zu beherrschen als das Finn. Deswegen für den Anfänger, der viel allein segeln will, interessant, vor allem auch als preiswertes Gebrauchtboot. Für ca. 3000 bis 4000 DM sind guterhaltene Boote gebraucht zu haben. Lüa 5,00 m, Breite 1,66 m, Gewicht 200 kg, Segelfläche 11 qm. Ausführung nur in Vollholz. Neubauten ab ca. 8000 DM. Segelzeichen O.

Korsarjolle
Einheitsklasse. Zweimann-Trapezjolle. Slupgetakelt (Großsegel, Fock, Spinnaker). Der Korsar wurde 1959 von Ernst Lehfeld für den Bayerischen Seglerverband konstruiert. Das Boot war als preiswerte Vorstufe und als Übungsboot für den FD gedacht. Moderne Konstruktionsmerkmale, gleitfähig, der Vorschoter kann das Boot im Trapez ausreiten. Zunächst Revierklasse, aber aufgrund seiner schnellen Verbreitung inzwischen offizielle DSV-Verbandsklasse. Mit diesem Boot werden Jugendmeisterschaften (seit einiger Zeit parallel zum Pirat) und deutsche Meisterschaften ausgesegelt. Neupreis ab ca. 6200 DM. Ein Boot für den jüngeren und sportlich eingestellten Segler. Vorwiegend aus Sperrholz oder Kunststoff. Lüa 5,00 m, Breite 1,70 m, Gewicht ca. 120 kg, Segelfläche (ohne Spinnaker) 11,5 qm. Segelzeichen Korsarenschwert.

Zugvogel
Einheitsklasse. Zweimann-Jolle in Schwertausführung oder als Kielboot. Slupgetakelt (Großsegel, Vorsegel, Spinnaker möglich). Der Zugvogel wurde 1961 von Ernst Lehfeld konstruiert. Der Sperrholz-Knickspanter, den es nunmehr auch in Kunststoff gibt, sollte eine Klassenlücke füllen: eine relativ preiswerte Wanderjolle. Das geräumige Boot bietet mit einer Zeltüberdachung (Zeltkajüte) auch eine erträgliche Übernachtungsmöglichkeit. Viel mehr als zunächst erwartet, zeigten sich die Zugvogeleigner an Regatten interessiert. Heute werden deutsche Meisterschaften sowohl in der Schwert- als auch in der Kielversion ausgesegelt. Mit dem Zugvogel hat der Segler also eine sehr passable Kombination von Wander-

und Regattaboot. Auf Binnenrevieren würde ich die Schwertversion vorziehen. Der Anfänger mag sich in der Kielversion sicherer fühlen. Billig ist der Zugvogel nicht. Die Schwertversion kostet ca. 10500 DM, die Kielversion noch etwas mehr. Lüa 5,80 m, Breite 1,88 m, Gewicht 250 kg (Schwert) und 380 kg (Kiel), Segelfläche 15 qm (Schwert) und 17 qm (Kiel). Segelzeichen stilisierter Vogel, Kielversion mit Punkt darunter.

H-Jolle
Grenzmaßklasse. Wanderjolle. Entwicklung ähnlich wie Jollenkreuzer. Trotz gegenteiliger Vorhersagen immer wieder aufgelebt. Doch tut sich diese 15 qm-Wanderjolle gegen die moderne Konkurrenz schwer. Sie ist gegenüber kleinen Kajütkreuzern, die seglerisch sicher nicht vergleichbar sind, und modernen Jollen zu aufwendig geworden. Als preiswertes Gebrauchtboot für den Anfänger vielleicht statt eines Zugvogels interessant. Eine sehr schöne Kunststoff-H-Jolle war erstmals auf der Interboot 72 zu sehen. Lüa 6,20 m, Breite 1,90 m, Gewicht 220 kg, Segelfläche 15 qm. Preis ab ca. 12000 DM. Segelzeichen H.

Jollenkreuzer
Grenzmaßklassen. Alles Jollen (Schwertboote) mit Kajüte. Regattamäßig wird der 15er mit zwei Mann, der 16er mit zwei Mann und der 20er mit drei Mann gesegelt. Slupgetakelt (Großsegel, Vorsegel, Spinnaker). Jollenkreuzer gehören zu den ältesten Klassen. Jedoch haben sich von Anfang an bis heute ständig bedeutende Konstrukteure mit diesen Bootstypen beschäftigt, so daß die Klasse im besten Sinne jung geblieben ist. Es sind segeltechnisch interessante Klassen, die einen Kajütkomfort bieten wie kaum eine andere Wander- und Regattaklasse. Wer mehr Ansprüche stellt, muß schon in eine größere und teurere Klasse einsteigen — etwa Nordisches Folkeboot — oder Einschränkungen bei Regatten hinnehmen und eine der kleinen IOR-Yachten wählen. Details wurden bereits erwähnt. Rege Neubautätigkeit, trotz inzwischen relativ hoher Preise. Allerdings scheint sich das Gewicht vom ehemals dominierenden 20er zum preiswerteren 15er und 16er zu verlagern. Die Beliebtheit der Klassen zeigt sich in den Segelnummern der beim DSV registrierten Boote: 15er und 20er über 1000, 16er (ehemals 7 m Sperrholz-Jollenkreuzer) über

300. 15er und 20er dürfen neuerdings auch in Kunststoff gebaut werden, die 16er weiterhin nur in Sperrholz. Wer aufs Geld schauen muß, sollte das Gebrauchtboote-Angebot an Jollenkreuzern studieren. Gute Gebrauchtboote kosten etwa: 16er ca. 10 000 DM, 15er ca. 10 bis 12 000 DM, 20er ab ca. 15 000 DM. Neupreise: 16er ab ca. 15 000 DM, 15er ab ca. 16 000 DM, 20er ab ca. 20 000 DM.

30er und Blitz(Stahl)-Jollenkreuzer seien nur der Vollständigkeit halber erwähnt. Sie haben als Klassen keine Bedeutung mehr.

Dyas

Die Dyas, ein offenes Zweimann-Kielboot, entstand aus einer Werftklasse, ebenso wie die folgende Trias (Konstrukteur und Bootsbauer Ing. H. Stöberl). Bauwerft inzwischen Fritzmeier-Bootsbau, 8206 Bruckmühl-Hinrichssegen (bekannt schon vorher als Schi-Fabrikant). Das Boot eignet sich gleichermaßen zum Familiensegeln, als Schulboot wie auch fürs Regattasegeln. Es verhält sich gutmütig, kursstabil und reagiert wie eine Jolle. Lüa 7,15 m, Breite 1,95 m, Tiefgang 1,10 m, Gewicht 600 kg, Großsegel 14 qm, Fock 8 qm. Preis ab ca. 14 000 DM.

Trias

Das offene Kielboot wurde für die Ausscheidungen zur neuen internationalen Dreimann-Kielbootklasse konzipiert, konnte sich jedoch gegen die Soling nicht durchsetzen — ob zu Recht oder Unrecht, mag hier dahingestellt bleiben. In Deutschland entwickelte sich die Trias zu einer schnell wachsenden und interessanten Klasse. Länge 9,20 m, Breite 2,12 m, Tiefgang 1,37 m, Segelfläche 28,7 qm, Gewicht 1,3 t. Preis ab ca. 24 000 DM.

Zu den nationalen Klassen gehören auch Oldtimer wie die 75er Nationalen Kreuzer — wunderschöne Vollholz-Superyachten, die sich der seglerische Normalverbraucher kaum leisten kann, die gute alte Hansa-Jolle und der Conger, der von der Eintyp-Klasse (s. Seite 71) inzwischen zur nationalen Klasse avancierte.

4. Vom DSV anerkannte ausländische Klassen

Viele in den vorangegangenen Ausgaben genannte Bootstypen dieser Kategorie erhielten inzwischen ihre Anerkennung als Internationale Klasse oder Nationale Klasse. Zu nennen wäre hier das Internationale Folkeboot, das nach wie vor den Status einer anerkannten ausländischen Klasse besitzt. Es wurde bereits ausführlich in dem Kapitel „Größere Kajütkielboote" erwähnt. So bleiben noch das Original-Folkeboot, die speziell am Bodensee beliebte und verbreitete Lacustre (letztere ohne DSV-Anerkennung) und die Windsurfer (Segelbretter).

Nordisches Folkeboot
Einheitsklasse. Dreimann-Kielboot. Kajüte. Slupgetakelt (Großsegel, Fock). Das Boot wurde als preiswertes Dreimann-Kielboot entwickelt. Um den Preis niedrig zu halten, darf es nur geklinkert mit nordischer Kiefer oder Lärche oder einem entsprechenden einheimischen Nadelholz beplankt werden. Keine verschiedenen Vorsegel (beispielsweise Genua) erlaubt, kein Spinnaker. Das Nordische Folkeboot bietet etwas mehr Wohnkomfort als ein Jollenkreuzer, dazu noch die Sicherheit eines seetüchtigen Kielbootes. Eine sehr schöne Kielboot-Kajütklasse, auch für den Anfänger. Das Boot erfreut sich solcher Beliebtheit, daß nicht nur die Klasse bei uns sehr schnell anwuchs, sondern der Typ auch in zahlreichen Varianten nachempfunden wurde (int. Volksboot in Kunststoff). Diese Varianten segeln zum Teil recht erfolgreich in der IOR-Klasse. Das Folkeboot hat eine Lüa von 7,64 m, 2,20 m Breite, ca. 2,2 t Gewicht und 24 qm Segelfläche. Nachdem es ursprünglich so ca. 16000 DM kostete, muß man inzwischen mit Preisen ab etwa 30000 DM rechnen. Das Original-Folkeboot kann natürlich auch in IOR gesegelt werden, dann auch mit Spinnaker und evtl. toppgetakelt.

Lacustre
Schweizer Dreimann-Kielbootklasse. Kajüte. Slupgetakelt (Großsegel, Vorsegel, Spinnaker). Wenn man so will, eine Art „Über-Drache" mit für diese Rennboot-Größe viel Kajüte. Sehr interessantes Binnenkielboot, das sich mehr als der Drache zum Tourensegeln eignet und für einen

Wochenendtörn auch mal zwei Erwachsenen und zwei Kindern ausreichend Platz bietet. Als Regattaboot anspruchsvoll. Seit wenigen Jahren auch mit Kunststoffrumpf und Alumast erlaubt. Lüa 9,50 m, Breite 1,80 m, Tiefgang 1,20 m, Verdrängung 1,7 t, vermessene Segelfläche 25 qm, tatsächliche Segelfläche max. 42 qm. Preis ab ca. 45 000 DM.

5. Eintyp-Klassen

Es gehörte einst zur Klassenpolitik des DSV, nur solche Boote als Klasse anzuerkennen, deren Risse allen zugänglich waren. Das heißt, ein Konstrukteur lieferte den Riß und alle Werften konnten das jeweilige Boot bauen. Wollte also eine Werft ihren Bootstyp als Klasse unterbringen, mußte sie den Riß freigeben. Damit sollte gewährleistet werden, daß auf dem Markt kein preistreibendes Monopol entsteht und etwa eine Werft dank Klassenanerkennung ihres Bootstyps den Preis nach Gutdünken festsetzen konnte.

Diese Theorie wurde von verschiedenen Seiten kräftig durchlöchert. Klassenboote stiegen ganz allgemein — egal welche Werft sie baute — überdimensional im Preis. Das liegt ganz einfach daran, daß die Werft höchste Qualität an Beschlägen und Ausrüstung bieten muß, um mit ihrem Boot überhaupt eine Chance in Regatten zu haben. Ohne Placierung bei Wettfahrten verringern sich auch die Verkaufsaussichten.

Der Druck der einst etwas verpönten Werftklassen wurde schließlich so stark, daß sich der DSV einer Anerkennung nicht mehr verschließen konnte. Bahnbrechend waren dabei zweifellos Varianta und Koralle. Die Werftklassen boxten sich durch. Heute heißen sie unverfänglicher Eintyp-Klassen.

Für Eintyp-Klassen müssen ebenfalls sehr detaillierte Meßbrief- und Ausrüstungsvorschriften vorliegen. Sie sollen Booten verschiedenster Jahrgänge möglichst gleiche Chancen bei Wettfahrten bieten. Das hat sich meiner Ansicht nach durchaus bewährt, auch wenn die Klassenanerkennung geringfügige Preissteigerungen mit sich brachte. In keinem Fall aber stiegen die Preise so extrem wie bei den hochkarätigen Rennbooten.

Dem Durchschnittssegler wird hier eine durchaus interessante Alternative zum Rennboot geboten: Noch vernünftiger Preis, Klassenvereinigung, Regattatätigkeit, erträgliche Wiederverkaufschancen.

Das sind die derzeit vom DSV anerkannten Eintyp-Klassen:

Youngster (kleine sportliche Jolle von Klepper)
3,85 m lang, 9,83 qm Segelfläche, 81 kg Gewicht,
Preis ab ca. 3300 DM

Koralle (weitverbreitete kleine Jolle mit Kimmschwertern von Atlanta Bootsbau)
4,10 m lang, 8,50 qm Segelfläche, Regattaausführung 10 qm,
78 kg Gewicht, Preis ab ca. 3300 DM

Delphin (kleine Jolle mit Kimmschwertern, ähnlich Koralle, Werft Südnautik)
4,10 m lang, 9,50 qm Segelfläche, 65 kg Gewicht,
Preis ab ca. 4000 DM

Trainer (nächstgrößere Klasse zum Youngster, von Klepper)
4,39 m lang, 13 qm Segelfläche, 115 kg Gewicht,
Preis ab ca. 4500 DM

Tempo-Scow (sehr flachgebaute Jolle, fast Segelbrett, Werft Wegu)
4,73 m lang, 11,50 qm Segelfläche, 80 kg Gewicht,
Preis ab ca. 4700 DM

Volksboot-Jolle (VB-Jolle, robuste Wanderjolle, Werft Troost, Holland)
4,80 m lang, 12,50 qm Segelfläche, 200 kg Gewicht,
Preis ab ca. 5000 DM

Lis-Jolle (Sportliche Familienjolle, Werft Gade)
5,00 m lang, 13,00 qm Segelfläche, 140 kg Gewicht,
Preis ab ca. 6200 DM

Windy (Sportliche Jolle, auch mit Kajüteindeckung, Werft Bruckner Boats, Frankreich)
5,28 m lang, 16,21 qm Segelfläche, 160 kg Gewicht,
Preis ab ca. 7800 DM

Monarch (Einmann-Kielboot, Werft Fritzmeier)
4,90 m lang, 13,20 qm Segelfläche, 340 kg Gewicht,
Preis ab ca. 7500 DM

Conger (Sportliche Jolle mit Kajüteindeckung, Condor-Yachtbau)
4,98 m lang, 12,00 qm Segelfläche, 230 kg Gewicht,
Preis ab ca. 7000 DM. (Inzwischen nationale Klasse.)

Fam (Kompromiß zwischen Jolle und Jollenkreuzer, Werft Klepper)
5,40 m lang, 15,20 qm Segelfläche, 435 kg Gewicht
Preis ab ca. 9000 DM

Sailhorse (Offenes Kielboot mit Spritzkappe, Werft Cather Friesland, Holland)
6,13 m lang, 21,00 qm Segelfläche, 470 kg Gewicht,
Preis ab ca. 10800 DM

Soweit die Jollen ohne und mit Spritzkappe oder Minikajüte und die Kielboote. Letztere geben dem Anfänger ein Gefühl der Sicherheit, zumal sie auch unsinkbar sind und durch ihre Größe relativ viel Platz bieten. Dazu kommen noch sechs Kajütboote, die ebenfalls den Status einer Eintyp-Klasse erhielten:

Die schon im Kapitel Kajütboote ausführlich beschriebene Varianta und

Carina (Kajütkielboot der kleinen Klasse, für Touren und gelegentliche Regatten, Mindestkomfort für zwei Erwachsene, auch mit einem Kind)
5,96 m lang, 2,11 m breit, ca. 15 qm Segelfläche, 850 kg Gewicht,
Preis ab ca. 14000 DM

Sunbeam (Kajütkielboot für Touren und Regatten, vier Kojen, Pantry, WC, Tourenkomfort für zwei, max. drei Erwachsene)
6,70 m lang, 2,15 m breit, 20 qm Segelfläche, 959 kg Gewicht,
Preis ab ca. 17000 DM.

Neptun 22 (Kajütboot als Kielschwerter oder mit Mittelkiel, für Touren und auch mal Regatten. Vier Kojen, Schrankraum, Pantry.
Werft Neptun-Boote, 4937 Lage)
6,95 m lang, 2,50 m breit, 23 qm Segelfläche, 900 kg Gewicht,
Preis ab ca. 19000 DM

Bandholm 24 (Kajütkielboot mit guten Segeleigenschaften, voll ausgerüstet für Fahrten. Vier Kojen, Schrankraum, Pantry, WC-Raum.
Werft Mariboat, Dänemark)
7,35 m lang, 2,30 m breit, 25 qm Segelfläche, 2,2 t Gewicht,
Preis ab ca. 33500 DM

Albin Vega (Kajütkielboot für sportliches- und Tourensegeln. Vier Kojen, Schrankraum, Pantry, WC-Raum. Werft Albin Marin, Schweden)
8,25 m lang, 2,46 m breit, 31,40 qm Segelfläche, 2,3 t Gewicht,
Preis ab ca. 50000 DM

Bleiben in dieser Gruppe noch das H-Boot (s. Seite 47), Hobie Cat 14 und Windglider zu erwähnen.
Von den olympischen Klassen bis zu den Eintyp-Klassen mehr als 70 Bootstypen!

Wertverlust

Beim Automobil, das sich wieder einmal als Vergleich anbietet, gibt es fest umrissene Faustregeln für den Wertverlust. Abweichungen davon halten sich in Grenzen. Bei den Booten sind zwar auch gewisse Tendenzen erkennbar, doch der Wertverlust läßt sich weniger exakt vorausbestimmen. Dennoch spielt er schon fast eine solche Rolle wie der Wertverlust beim Automobil.

Früher blieben Boote nach meinen Beobachtungen länger in einer Hand. Heute kommt es doch relativ oft vor, daß sich der eine oder andere Segler in Windeseile von einem Boot zum nächsten buchstäblich hochhangelt. Der Gebrauchtwert eines Bootes ist also für den Besitzer und zukünftigen Verkäufer wichtig. Je mehr er für sein Boot einmal bekommt, desto mehr Kapital erhält er für den Aufstieg in die nächste Klasse.

Der Käufer eines Gebrauchtbootes dagegen kann billiger an ein Boot herankommen, als wenn er es neu kaufen müßte. Oder er entscheidet sich dafür, statt des neuen Bootes für vielleicht das gleiche Geld ein Gebrauchtboot, aber gleich eine Nummer größer zu kaufen. Diese Möglichkeit sollte man unter allen Umständen einkalkulieren, ehe man sich mit einem neuen Boot bis auf den letzten Heller verausgabt. Wird nämlich die Finanzdecke zu sehr gestreckt, dann kann nicht nur der Haussegen schief hängen, sondern es fehlt womöglich auch an den so dringend benötigten Mitteln für die immer noch erforderliche zusätzliche Ausrüstung oder gar für Reparaturen.

An dieser Stelle ist wieder einmal eine Warnung fällig. Mancher Bootseigner hat sich und seine Crew schon in höchste Not gebracht, weil er an der falschen Stelle sparte. Entweder hat er die Notwendigkeit einer Reparatur nicht erkannt oder es fehlte am Geld. Der Kahn war dann

dem ersten harten Wetter nicht mehr gewachsen, geriet in Seenot oder ist sogar abgesoffen.
Boote altern nicht in dem Maße wie Autos. Voraussetzung ist natürlich, daß das Boot gut gehalten und regelmäßig gepflegt wird. Besonders bei den nationalen Kreuzern und Schärenkreuzern gibt es Boote, die schon 40 Jahre und noch älter sind. Wenn man diese herrlichen und oft liebevoll gepflegten Yachten aus Vollholz sieht, könnte man wirklich glauben, sie wären fast neu.
Der Gebrauchtkäufer muß bei einem älteren Boot nicht unbedingt ein Risiko eingehen. Bei größeren Objekten sollte er aber unter allen Umständen sichergehen und einen Fachmann zu Rate ziehen. Selbst segelnde Bekannte, die sich auf die Brust ihrer Erfahrung schlagen, werden selten Holz- oder Kunststoff-Fachleute sein, um mit ausreichender Sicherheit Materialermüdung und Mängel feststellen zu können.
Dafür gibt es Schiffbau-Sachverständige, die fast immer in der Nähe größerer Binnenreviere und natürlich in den größeren Küstenstädten zu finden sind. Die Adressen erhält man über die örtlichen Industrie- und Handelskammern. Die Gebühr für einen Sachverständigen muß beim Kauf eines größeren Objekts einfach mit zu verkraften sein. Sie ist allemal billiger als ein grandioser Reinfall, der nachträglich gar nicht mehr gutzumachen ist.
Diese Sorgen hat man nicht, wenn die Yacht ein Zertifikat des Germanischen Lloyd oder einer vergleichbaren ausländischen Klassifizierungsgesellschaft besitzt. Der Germanische Lloyd ist die deutsche, international anerkannte Klassifizierungsgesellschaft für die Überprüfung von Schiffen auf ihre Qualität, Sicherheit und Betriebsfähigkeit. Bei Neubauten kann schon die Bauausführung überwacht werden. Für ältere Yachten besteht die Möglichkeit, nachträglich ein Zertifikat ausstellen zu lassen. Das GL-Klassenzertifikat kann auch von der Versicherungsgesellschaft zur Ermittlung der Versicherungsprämie herangezogen werden (eventuell Ermäßigung der Prämie). Ein Boot mit Zertifikat ist immer höher zu bewerten, da das Zertifikat Nachprüfungen in regelmäßigen Abständen oder bei Umbauten voraussetzt. Hier ein Anhaltspunkt über die Kosten für die erste Klassenaufnahme einer älteren Yacht. Der Gebührensatz richtet

sich nach dem „umbauten Raum" aus 0,6 Länge x Breite x Höhe + 1/2 Inhalt der Aufbauten (gemäß Bauvorschrift). Der Tarif für ein mittelgroßes Segelboot von etwa 8 bis 9 m Länge beträgt ungefähr 300 DM. Selbst bei einer größeren Yacht kommt man mit ca. 400 DM aus. Unkosten für Besichtigungen außerhalb des Inspektionssitzes werden gesondert in Rechnung gestellt, also Reisekosten und Tagegeld.
Wenn überhaupt, so kann man für den Wertverlust eines Bootes in etwa drei Regeln aufstellen:

1. Reine Regattaboote

Ich meine damit hochgezüchtete Regattaboote wie beispielsweise den Star. Der Wertverlust bei diesen Booten ist nach etwa zwei Jahren beträchtlich und sinkt weiter bis etwa zum vierten und fünften Jahr. Danach ist der Wertverlust relativ gering.
Diese steile Wertverlust-Parabel, die schließlich in etwa linear ausläuft, ist leicht zu erklären. Bei diesen Booten wird jedes Gramm unnötigen Gewichts gespart. Entscheidende Teile wie Rumpf und Rigg sind auf geringstmögliche Dimensionierung ausgelegt. Ermüdungserscheinungen machen sich eher und stärker bemerkbar als beispielsweise bei einem schwerer gebauten Tourenschiff.
Zu den Alterserscheinungen kommt noch hinzu, daß ein Regattaboot in diesen reinen Rennklassen nach zwei, spätestens aber nach vier Jahren in Spitzenkonkurrenzen gegenüber Neubauten nicht mehr voll mithalten kann.

Nach vier bis sechs Jahren können diese Boote etwa 60 % ihres Neuwertes verloren haben.

2. Klassen-Boote

Klassen-Boote, die weniger extrem auf Rennen ausgelegt sind, behalten dagegen ihren Wert oft recht lange. Das gilt vor allem für die traditionell in Vollholz gebauten Klassen wie beispielsweise Jollenkreuzer, Pirat und O-Jolle. Der ebenfalls in Vollholz gebaute Drache liegt etwa zwischen den reinen Regattabooten und den hier unter dem Titel Klassen-Boote zusammengefaßten Typen.

Traditionell gebaute Klassen-Boote können sogar regelrecht im Wert steigen. Das liegt daran, daß in den letzten Jahren die Neupreise kräftig in die Höhe gingen. Ein solches Boot kann heute effektiv zu einem Preis verkauft werden, der geringfügig über dem Einkaufspreis von vor, sagen wir einmal, vier Jahren liegt. Es ist dann immer noch billiger als ein heute gekaufter Neubau.

Und der Eigner hat auch keineswegs ein Geschäft gemacht. Denn zum Einkaufspreis sind zahlreiche Anschaffungen hinzugekommen. Damit ist das Boot auch für den Gebrauchtkäufer immer noch preiswürdig.

Nehmen wir das Beispiel eines Jollenkreuzers. Er wurde vielleicht vor sechs Jahren für rund 10000 DM segelfertig gekauft. Dazu kamen dann zusätzliche Anschaffungen, um nur einige zu nennen: Genua, Spinnaker mit Spinnaker-Einrichtung, Kocher, Motor mit Motorhalterung, Beschläge speziell für Regatten und andere Verbesserungen, die das Leben auf einem Tourenschiff erleichtern. Das Boot kann schließlich auf einen Gesamtpreis von 12000 DM oder mehr gekommen sein. Nach sechs Jahren wird es für etwa 9500—10000 DM voll ausgerüstet verkauft. Der Preis erscheint zunächst unsinnig hoch. Doch inzwischen kostet ein neuer Jollenkreuzer der gleichen Art etwa 15000 DM, und voll ausgerüstet und hergerichtet vielleicht 16000 DM und mehr. Ähnliche Beispiele gelten auch für andere Klassen. Der neue Käufer spart immer noch erheblich gegenüber einem neuen Boot und der Verkäufer hat keine allzuhohen Verluste seines Anlagekapitals hinnehmen müssen.

Nach weiteren vier bis sechs Jahren ist der Wert des Bootes eventuell auf 7000—8000 DM abgesunken. Danach ist die Wertverlustlinie noch flacher. Auch der Zweitkäufer muß daher beim Wiederverkauf nicht mit großen Verlusten rechnen.

Das sind natürlich nur Musterrechnungen und Beispiele. Voraussetzung ist immer, daß das Boot erstklassig erhalten ist. Auch Regattaerfolge spielen bis zu einem gewissen Grad bei der Preisbildung eine Rolle.

Zu den Klassen-Booten kann man auch die IOR-Yachten zählen, die gut in der Vermessung liegen und sich bei Regatten als schnell erwiesen. Da gut gepflegte Boote kaum einem Verschleiß unterliegen, bleibt der Wertverlust gering, wenn man überhaupt von einem Wertverlust sprechen kann. Meist können sie nach einigen Jahren zum Einkaufspreis wiederverkauft werden. Verlustgeschäft für den Erstbesitzer sind im allgemeinen die investierte Ausrüstung und der inzwischen wesentlich höhere Aufpreis zur Beschaffung eines gleichwertigen neuen Bootes.

Auf lange Zeit lassen sich die Preisentwicklungen nicht vorhersagen. Wachsendes Bootsinteresse wird auch den Gebrauchtboote-Markt beflügeln. Neue und bessere Bootstypen, aber eventuell auch neue Baumaterialien können die Preise für ältere Boote drücken. Andererseits ziehen steigende Neupreise auch die Gebrauchtpreise zumindest relativ mit in die Höhe.

3. Klassenlose Boote

Gemeint sind hier alle Boote — von der kleinen Jolle bis zum Kajütkielboot —, die nicht als Klasse vom DSV anerkannt, beziehungsweise nicht IOR-vermessen sind.
Das Wertverlustrisiko läßt sich hier besonders schwer abschätzen. Hatte man den „Riecher" für einen Bootstyp, der vielleicht einmal erfolgreich gesegelt, ja vielleicht sogar als Klasse anerkannt wird, kann man eventuell gut investiert haben. Erfahrungsgemäß steigen diese Boote im Wert. Umgekehrt kann man viel Geld kaputtmachen, wenn der Typ inzwischen nicht mehr hergestellt wird oder die Herstellerfirma überhaupt aus dem Bootsgeschäft ausgestiegen ist.
Zwischen diesen beiden Extremen muß man mit einem mehr oder minder großen und gleichmäßigen Wertverlust rechnen, wenn der Typ möglichst unverändert weitergebaut wird und solide genug ausgeführt ist, so daß er auch noch nach Jahren gut erhalten sein kann. Relativ große Stückzahlen sollten dabei nicht unbedingt beeindrucken und auf eine gute Investition schließen lassen. Es kann sein, daß ein Boot aus räumlichen und preislichen Gründen und mit Hilfe einer guten Werbung zunächst einen Interessentenkreis anspricht. Sobald diese spezielle Interessengruppe bedient ist, kann sich das Schicksal des Typs und seiner Werft wenden. Auch die Konkurrenz kann dazu natürlich beitragen. Der Wertverlust steigt, trotz einer einstmals großen Stückzahl.

Aber selbst wenn der Bootstyp überleben sollte, kann der Wertverlust erheblich werden. Dann nämlich, wenn man beispielsweise zu klein gekauft hat, inzwischen aber die Komfortansprüche gestiegen sind. Und hat man sich ein sehr ausgefallenes Boot gekauft, weil es zunächst genau dem entsprach, was man sich unter Segeln und Erholung auf dem Wasser vorstellte, dann ist noch lange nicht gesagt, daß man einen Käufer findet, der die gleichen Vorstellungen hat — vor allem Jahre später.
Die Ersparnisse beim Neukauf eines preiswerten oder vielleicht sogar im wahrsten Sinne des Wortes billigen klassenlosen Bootes oder eines Kajütkielbootes, bei dem sich die IOR-Vermessung nicht lohnt, können beim Wertverlust mehr als verlorengehen. Können, müssen aber nicht! Doch das Risiko sollte man bedenken. Am besten ist es wohl, ein solches Boot, wenn es wirklich den eigenen Anforderungen entspricht, möglichst lange zu behalten. Unter einen gewissen Mindestwert fällt der Preis nach angenommen einem guten Dutzend Jahren nicht mehr ab. Immer vorausgesetzt, daß das Boot überhaupt solange in einem guten Zustand erhalten werden kann.

Gerade billige Boote können recht schnell zu einem Verlustgeschäft werden. Wenn der Käufer nämlich damit erst einmal Erfahrungen gesammelt hat, wächst der Drang zum Umsteigen. Er wird sich schwer tun, einen entsprechenden Zweitkäufer zu finden. Oft hilft dann nur radikale Preissenkung.

Konstruktion

Wenn ich jetzt von Baumaterial, Rumpf, Rigg und Einzelheiten der Konstruktionen spreche, so nicht in der Absicht, dem Leser zu suggerieren, daß er am Ende einen Schiffbau-Sachverständigen mimen könne. Im Rahmen dieses Buches kann es auch nicht um Details „wie konstruiert und baut man eine Segelyacht" gehen. Dafür gibt es eine umfangreiche Spezialliteratur, z. B. Gilgenast „Eine schnelle Yacht entsteht", Verlag Delius, Klasing & Co. Schon allein das Thema Kunststoff würde ein Buch für sich beanspruchen.
Nichts ist schlimmer als Laien, die sich als Sachverständige aufspielen und buchstäblich dazu herausfordern, hereingelegt zu werden — nicht nur im Bootsbau. Dann kann es sich schon eher bezahlt machen, Zurückhaltung zu üben und sich vom Fachmann beraten zu lassen.
Es gibt aber eine ganze Reihe konstruktiver Einzelheiten und auch Faustregeln, die man wissen sollte, um die Qualitäten und auch Mängel eines Bootes grob abschätzen zu können. Schon dieses Grundwissen genügt, um übertriebene Anpreisungen zu erkennen und skeptisch zu werden. Um dieses Grundwissen, um diese Faustregeln geht es hier.

Baumaterial

1. Vollholz

Vollholz-Rümpfe werden heute fast ausschließlich nur noch für Klassen-Boote verwendet, wenn es die Bau- und Klassenvorschriften verlangen. Zum Teil werden die Rümpfe für einunddenselben Typ sowohl in Holz wie auch in Kunststoff angeboten.

Bei Klassen-Booten legen die Bau- bzw. Klassenvorschriften die Materialstärken und konstruktiven Details meist bis in alle Einzelheiten fest. Das Risiko ist relativ gering. Außerdem ist naturlackiertes Vollholz sozusagen ein sehr durchsichtiger Baustoff. Verarbeitungsmängel lassen sich kaum tarnen.
Als Holz verwendet man vorwiegend Mahagoni. Die Beplankung erfolgt meist rundspant karweel. Das heißt, die Außenhaut verläuft mehr oder weniger gerundet und ohne Knick vom Deck bis zum Kiel. Die Planken stoßen stumpf aufeinander. Hier gibt es nun einige Regeln, die beachtet werden sollten. Für die Qualität eines Bootes spricht die Breite der einzelnen Plankengänge. Je schmaler die Planken geschnitten sind, also je mehr Planken zwischen Deck und Kiel liegen, desto besser ist das Boot gebaut.
Eine gewisse Norm kann man beispielsweise den Bauvorschriften für Jollenkreuzer entnehmen:

Außenhaut: Eiche oder schweres Mahagoni (560 kg/cbm), bei Verwendung anderer Holzarten ist die Plankendicke der Außenhaut nach den Vorschriften des Germanischen Lloyd zu verstärken. Plankendicke für Eiche oder schweres Mahagoni beim 15er 12 mm, beim 20er 13 mm.
Spantenabstand: Mitte bis Mitte jeweils 120 mm.
Die Plankendicke beträgt also beim 15er 12 mm, der Abstand der Spanten entspricht etwa der zehnfachen Plankendicke, also 120 mm. Die Breite der einzelnen Plankengänge sollte ebenfalls die zehnfache Plankendicke nicht überschreiten, wenn möglich eher noch etwas schmaler sein. Bei größeren Kielyachten sind natürlich entsprechend stärkere Planken erforderlich. Im gleichen Verhältnis können sich dann auch Plankenbreite und Spantenabstand ändern.
Vollholzboote müssen außen lackiert, aber nicht luftundurchlässig sein. Holz soll atmen können. Wird es außen und innen sozusagen abgesperrt, dann besteht erhöhte Fäulnisgefahr. Da man keinen dauerhaften Zweikomponentenlack, eine Art Kunststoffbeschichtung, verwenden kann, muß das Boot möglichst jeden Winter angeschliffen und neu lackiert werden. Dadurch kommen Vollholzboote im Unterhalt relativ teuer.

Tritt durch schadhafte Lackstellen erst einmal Wasser in das Holz ein, so gibt es schnell schwarze Stellen, die kaum noch herauszuschleifen sind. Dieser Teil der Planke muß meist ausgewechselt werden. Ausgewechselte Planken sind praktisch immer zu erkennen, da sie in der Färbung den Originalplanken nicht vollkommen anzupassen sind.

Vorsicht bei gebrauchten Booten. Farbig, also nicht naturlackierte Boote können, aber müssen nicht, einen Farbanstrich erhalten haben, um Mängel zu vertuschen.

Vollholz arbeitet immer. Es kann also durchaus möglich sein, daß ein im Frühjahr zu Wasser gebrachtes Boot (vor allem älteren Datums) buchstäblich vom Slip weg absäuft. Läßt man es etwas im Wasser liegen, wird es wieder dicht. Im temperierten Winterlagerraum können feuchte Tücher dem zu starken Austrocknen des Rumpfes vorbeugen. Öfter kontrollieren, damit sich keine Fäulnisstellen bilden können.

Eine andere Beplankungsart finden wir beim Nordischen Folkeboot. Aus Preisgründen ist es mit nordischer Kiefer in Klinkerbauweise beplankt. Beim geklinkerten Boot stoßen die Planken nicht stumpf aufeinander, sondern liegen dachziegelartig übereinander. Das ist die preiswerteste Methode für den Rundspantbau. Die dachziegelartigen Längsstufen verursachen ein ständiges Plätschergeräusch, auch beim vor Anker liegenden Boot und auch bei nur geringer Wasserbewegung, vom Seegang gar nicht zu reden. Empfindliche Gemüter fühlen sich dadurch im Schlaf gestört. Herzhafte Seglernaturen empfinden das Geplätscher eher als beruhigende Schlafmusik. Wer zum erstenmal in ein geklinkertes Boot einsteigen möchte, sollte diesen Punkt jedoch beachten.
Am Rande sei noch die Diagonal-Karweel-Bauart erwähnt. Boote in dieser Bauart, meist schwere Hochseeyachten, sind äußerst stabil und dicht. Bei dieser Bauart besteht die Beplankung aus Längsplanken (karweel) und stumpf aneinanderstoßenden diagonal verlaufenden Planken, die als zweite Haut dagegengelegt werden.
Preiswerte Boote, die vor allem auch für den Eigenbau geeignet sind, werden in Knickspantbauweise hergestellt (siehe Pirat). Die Planken ver-

laufen dabei seitlich vom Deck ziemlich steil nach unten, machen etwa im Bereich der Wasserlinie einen scharfen Knick und verlaufen dann wieder in einer fast geraden Linie (am Bug spitzer, im Bereich des Achterschiffs nahezu horizontal) zum Kiel.

Zur Rumpfform und Beplankungsart gibt es noch zahlreiche Varianten und Kombinationen, die aber hier unberücksichtigt bleiben können.

2. Sperrholz

Dem Sperrholz im Bootsbau hat man lange Zeit skeptisch gegenübergestanden. Das lag vor allem daran, daß Sperrholz nicht wasserfest zu verleimen war. Durch die Entwicklung wasserbeständigen Sperrholzes hat sich das geändert. Ein anderer Grund war, daß rundspantige Rümpfe mit Bootsbausperrholz nicht herstellbar zu sein schienen. Auch dieses Problem ist heute bewältigt.

Zunächst einmal hat Sperrholz gegenüber Vollholz den Vorteil, daß es nicht arbeitet. Das Problem der Undichtigkeit nach dem Transport oder nach dem Winterlager tritt praktisch nicht auf, wenn die Schale nicht mechanisch beschädigt wurde. Sperrholz kann mit Zweikomponentenlack lackiert werden. Die Außenhaut erhält damit einen Schutz, der über längere Zeit wirksam bleibt. Damit liegt das Bootsbausperrholz in seiner Unempfindlichkeit etwa in der Mitte zwischen Vollholz und Kunststoff.

Formverleimte, rundspantige Rümpfe werden heute in hoher Qualität hergestellt. Es gibt sie für alle Klassen-Boote, bei denen Sperrholz als Baumaterial zugelassen ist und die einen rundspantigen Rumpf besitzen. Auch Kajütkielboote werden mit formverleimten Schalen hergestellt.

Auf drei wesentliche Faktoren ist zu achten:

1. Das verwendete Sperrholz sollte den Stempel des Germanischen Lloyd haben.

2. Das Hirnholz, das sind die geschnittenen Kanten der Platten, sollte besonders gegen das Eindringen von Wasser geschützt sein. Es sollte möglichst nicht frei, sondern in einer Nut liegen und versiegelt sein.

3. Sperrholzboote verlangen eine besondere Versteifung in Längsrichtung (Stringer), die mindestens ebenso wichtig wie Spanten ist.

Für einfachere Konstruktionen in Sperrholz bevorzugt man die Knickspantbauweise. Diese Typen sind dann auch meist für den Eigenbau geeignet. Hierher gehören u. a. die 16-qm-Jollenkreuzer, früher offiziell als 7-m-Sperrholzjollenkreuzer bezeichnet. Auch der Zugvogel ist eine Knickspantkonstruktion.

3. Kunststoff

Die meisten Serienboote, ob Jollen oder Kajütkielboote, werden heute in Kunststoff gebaut. Als Materialbezeichnung hat sich auch der Begriff GFK, glasfaserverstärkter Kunststoff, eingeführt. Der Kunststoff muß ähnlich dem Beton eine Armierung erhalten. Beim Kunststoff sind das Glasfasermatten und Gewebe verschiedener Stärke und Struktur.

Dem Laien bleibt hier wirklich nichts anderes übrig als der gute Glaube oder einen Fachmann zu Rate zu ziehen. Im Gegensatz zum Holz ist Kunststoff „undurchsichtig". Gewebeeinlagen, Kunststoffart und Herstellungsverfahren lassen sich vom Nicht-Fachmann praktisch überhaupt nicht beurteilen. Er muß sich auf den Ruf der Werft und die Auskünfte von Fachleuten verlassen. Selbst Werftauskünfte sind dabei mit Vorsicht zu genießen. Oft genug bezieht die Bauwerft die Schale fertig von einem Hersteller und baut diese Schale lediglich aus.

Gewisse optische Eindrücke kann jedoch auch der Laie gewinnen. Blasen, also Lufteinschlüsse im Kunststoff, sind zwar nicht ganz zu vermeiden, sollten aber auf ein Minimum beschränkt sein. Werften zahlen ihren Kunststoff-Arbeitern Prämien für vermiedene Blasen. Blasenbildung und Haarrisse sind schon ein Alarmzeichen. Nicht nur, daß die Festigkeit des Kunststoffes darunter leidet, auch das Eindringen von Wasser oder bei Einbaumotoren von Öl und Benzin führt zu erheblichen Gefahren. Eingedrungenes Wasser ist aus den Gewebeschichten überhaupt nicht mehr herauszubringen. Das gilt auch für Öl und Benzin, das neben anderen Schäden den Kunststoff brennbar machen kann.

Boote für den Kunststoffbau sollten speziell dafür entworfen sein. Das Herstellungsverfahren muß also schon beim Entwurf berücksichtigt werden. Der holländische Konstrukteur van de Stadt beispielsweise, der große Erfahrungen im Kunststoffbau besitzt, schreibt den Bauwerften minutiös die zu verwendenden Materialstärken vor. Das sieht am Beispiel der Varianta etwa so aus: Laminat I im Bereich des Freibords: 3/4 Unzen Matte — 385 g/qm Gewebe — 1 1/2 Unzen Matte — 580 g/qm Roving — 1 1/2 Unzen Matte — 350 g/qm Gewebe. Laminat II im Bereich des Unterwasserschiffes: 3/4 Unzen Matte — 285 g/qm Gewebe — 1 1/2 Unzen Matte 580 g/qm Roving — 1 1/2 Unzen Matte — 350 g/qm Gewebe. Als Bootsbauharz wird Crystic 189 in Übereinstimmung mit den Spezifikationen des British Standard Nr. 3532/1962 Type A sowie der Bestimmung des Lloyd's Register of Shipping für den Bau von Plastikschiffen aus dem Jahre 1961 verwendet (vergleichbar mit dem Germanischen Lloyd).
Bei der Verarbeitung müssen dazu noch Temperatur und Luftfeuchtigkeit in der Halle stimmen. Das alles klingt sehr kompliziert, wird aber heute von guten Kunststoffwerften durchaus beherrscht.
Dagegen ist die absolute Wartungsfreiheit des Kunststoffbootes ein frommer Wunsch geblieben. Kunststoffrümpfe sind für eine regelmäßige Reinigung, wenigstens einmal im Jahr, und eine Auffrischung bzw. Konservierung im gleichen Zeitraum dankbar. Auch der Bewuchs des Unterwasserschiffes ist wesentlich stärker als man ursprünglich erhoffte. Ein jährlicher Unterwasseranstrich mit einer Antifoulingfarbe ist bei solchen Booten unbedingt notwendig, die während der ganzen Saison im Wasser liegenbleiben.
Der Kunststoffbau kommt zwar ohne Spanten aus, doch sind Längs- und Querversteifungen außerordentlich wichtig, um eine Verwindung des Bootskörpers zu vermeiden. Bei Kajütkielbooten müssen entsprechende Querschotten eingearbeitet sein.
Die Schwimmfähigkeit des vollgeschlagenen Bootes wird entweder durch Ausschäumen (Styropor), Sandwichbauweise, durch Einbau entsprechend abgeschotteter Hohlräume oder durch Zweischalenbauweise erreicht. Die Zweischalenbauweise findet vor allem bei modernen Rennjollen Anwendung.

Bei Kunststoffbooten ist besonders darauf zu achten, daß sie im Cockpit und an Deck ein rutschfestes Profil haben. Kunststoff-Flächen können mindestens ebenso rutschig sein wie ein naturlackiertes Deck.
Ganz wichtig ist bei Kajütkielbooten die Verbindung des Bootskörpers mit dem aus Deck und Kajütaufbauten bestehenden Formteil. Werden Deck und Rumpf nicht sauber verklebt, vergossen und zusammengefügt, eventuell noch durch entsprechende Umbördelungen gesichert, dann ist dies eine Stelle ewigen Ärgernisses. Sobald das Boot beim Segeln soweit krängt, daß Wasser an Deck kommt, läuft es durch die undichten Stellen zwischen Deck und Rumpf in kleinen Sturzbächen herein. Das gegenüber einem Vollholzboot meist viel dichtere Kunststoffboot hätte damit einen wesentlichen Vorteil eingebüßt. Sind dazu noch Lufttanks ohne Lenzmöglichkeit eingebaut, kann das Wasser eventuell überhaupt nicht mehr aus dem Boot herausgebracht werden.
Kajütboote aus Kunststoff neigen zur Schwitzwasserbildung. Auf die Kajütwandung sollte entweder Isoliermaterial aufgebracht sein oder Decke und Wandung sollten doppelwandig ausgeführt werden. Eine gute Lösung ist, den Kajütaufbau doppelwandig auszuführen mit einer Luftisolierschicht dazwischen und die Seitenwände mit Kork oder einem anderen Isoliermittel zu belegen.

4. Stahl

Der Amerikaner Dick Carter, durch seine Eintonner-Konstruktion schnell berühmt geworden, hat seine Eintonner TINA und RABBIT aus 3 mm Stahl gebaut. Auch OPTIMIST, das von Carter entworfene deutsche Siegerboot des Eintonner-Pokals 1967, ist aus Stahl. Dick Carter sagt dazu (YACHT 12/67): „Stahl habe ich aus verschiedenen Gründen gewählt: Er liefert einen sehr starken, festen Rumpf, der eine erstklassige Plattform ist, um das Rigg zu tragen. Unter Deck bietet er mehr Platz und Bequemlichkeit."

Stahl herrscht bei den kleineren Booten, die vor allem für den Erstkäufer in Frage kommen, recht selten vor (meist Boote aus Holland).
Das liegt meiner Meinung nach daran, daß sich Stahl bei kleineren Booten kaum lohnt. Die erforderliche hochwertige Verarbeitung macht sich erst

bei größeren Booten wirklich bezahlt. Dazu gehört nicht nur die einwandfreie Verbindung der Stahlplatten untereinander, sondern auch mit den Spanten. Ein genaues Ausstracken — Ausrichten — der Spanten vor dem Beplatten ist die Grundbedingung für eine glatte Außenhaut.
Schließlich erfordert Stahl eine sehr gute Vorbereitung vor der Lackierung, soll diese nicht innerhalb kürzester Zeit abblättern und der Rost zum nicht mehr endenden Kampf auffordern.
Es beginnt mit dem unerläßlichen Sandstrahlen. Innerhalb kürzester Zeit danach muß der erste Schutzanstrich aufgebracht werden, damit sich nicht erneut Feuchtigkeit auf dem blanken Stahl festsetzen kann. Anschließend folgen entweder die teure Spritzverzinkung, Zinkfarbe oder Bleimennige und schließlich die auf Kunststoffbasis aufgebaute Schutzfarbe, oder aber etwas preiswerter (ohne Spritzverzinkung) mehrere Schutzanstriche auf verschiedener Basis. Zinkanoden (Opferanoden) sind in jedem Fall erforderlich. Bei meinem Jollenkreuzer ließ ich das Schwert sandstrahlen und dann flammspritzen. Nach dem Schleifen der sehr groben Oberfläche wurde das Schwert mit Kunststofflack versiegelt (farblos, zur besseren Kontrolle). Ergebnis, allerdings nur mit Süßwassererfahrung: wartungsfrei.

5. Andere Baustoffe

Entwicklungen mit seewasserfestem Aluminium sind im Gange. Sehr beeindruckende und vielversprechende Ansätze waren auf verschiedenen Bootsausstellungen zu sehen. Im Rahmen dieses Buches haben sie jedoch noch keine Bedeutung. Über diese Entwicklung muß erst die Zukunft entscheiden.
Auch mit Beton als Baumaterial für meist größere Bootsschalen wird immer wieder experimentiert. Hier kann der Bootskäufer ebenfalls in aller Ruhe die nächsten Jahre, wenn nicht sogar die nächsten zehn Jahre abwarten. Vorläufig sieht es noch nicht danach aus, als ob wir in absehbarer Zeit preiswerte Betonschiffe erhalten würden, die gegenüber Booten aus anderen Baumaterialien entscheidende Vorteile hätten.

*

Holzboote erfordern viel Wartung und Aufmerksamkeit. Gute und gepflegte Boote haben eine hohe Lebensdauer. Die isolierende Wirkung von Holz sorgt für eine wohltemperierte Kajüte (nicht zu warm, nicht zu kalt, praktisch keine Schwitzwassergefahr).
Gute Sperrholzboote genießen die Vorteile des Vollholzes — auch im Aussehen — bei geringeren Wartungsansprüchen und Gewichtsvorteilen.
Kunststoff, richtig verarbeitet, ist robust, absolut wasserdicht und pflegearm. Ein Kunststoffrumpf kann sogar einmal ein Herunterfallen vom Kran vertragen. Auf gute Isolierung gegen Schwitzwasserbildung muß geachtet werden. Wie Kunststoffboote nach 40 Jahren aussehen werden, bleibt noch abzuwarten.
Stahlrümpfe entsprechen im Wartungsaufwand etwa den Sperrholzrümpfen. Voraussetzung ist sorgfältige Verarbeitung. Wie bei Kunststoffrümpfen auf Isolierung achten!
Stahl — wie auch Holz — wird bei kleineren Booten immer mehr durch Kunststoff verdrängt.

Der Rumpf

Betrachten wir zunächst einmal den Querschnitt. Da gibt es Boote, die im Querschnitt nahezu viereckig aussehen. Diese kastenförmigen Rümpfe wurden alle entworfen, um die Baukosten in Grenzen zu halten. Das gilt auch für das mehr als 50 Jahre alte Starboot. Scharpie- oder Knickspantrümpfe können hervorragende Segeleigenschaften aufweisen, wie einige Klassen-Boote beweisen. Dazu gehören auch solch kastenförmige Boote mit Plattboden in mehr oder weniger abgemilderter Form wie beispielsweise Optimist und Vaurien. Durch den seitlichen Knick erhält das Boot praktisch zwei Kiele. Es muß nur entsprechend gekrängt auf dem jeweiligen Knick gesegelt werden. Echte Knickspantkonstruktionen sind zum Beispiel Pirat, Zugvogel und 16-qm-Jollenkreuzer. Beim Knickspanter ist der Unterwasserteil der Schale im Gegensatz zum Plattboden-Boot V-förmig ausgebildet, — im Vorschiff mehr, im Achterschiff weniger.

Alle modernen Jollen und — von Ausnahmen abgesehen — auch Kielyachten haben rundspantige Rumpfschalen. Als Beispiel für eine moderne Gleitjolle kann man den 5-0-5er nehmen. Das Vorschiff ist fast tulpenförmig ausgebildet, eine Art „V", das zum Deck hin breit ausläuft. Das Achterschiff ist im Unterwasserteil flach mit sehr geraden Linien. Sinn und Zweck aller modernen Jollenkonstruktionen ist die ideale Kombination von Verdrängungs- und Gleitfahrt. Dazu gehören scharf geschnittenes Vorschiff und flaches Achterschiff.

Bei den Rümpfen für Kajütkielboote scheint sich der Einfluß der modernen Konstruktionen für Halb- und Eintonner auszuwirken. Das Verhältnis Länge zu Breite entspricht etwa 3 : 1, also beispielsweise 9 m Lüa zu 3 m Breite. Gleichzeitig sind die Linien im Querschnitt wieder runder geworden (Weinglas-Form). Das Vorschiff läuft ziemlich spitz zu (Ozeanjollen). Das Unterwasserschiff soll möglichst wenig benetzte Fläche aufweisen. Der Kiel ist relativ schmal und an der Achterkante fischflossenartig ausgebildet oder, wenn man so will, nach achtern gepfeilt. Das Ruder sitzt als Spaten- und Balanceruder getrennt vom Kiel unter dem Achterschiff. Diese Konstruktionen sind sehr lebendig und erinnern in mancher Beziehung an die Segeleigenschaften von Jollen. Sie werden gelegentlich als nachteilig für Anfänger und Tourensegler hingestellt, weil man glaubt, daß sie zuviel Aufmerksamkeit beim Segeln erfordern würden. Das stimmt nach meinen Beobachtungen nicht. Für das Balanceruder braucht man weniger Kraft als für ein Ruder, bei dem der Drehpunkt an der Vorderkante liegt. Eine mögliche Labilität auf dem Kurs läßt sich leicht korrigieren. Sobald eine Ruderhacke vor das Ruder gesetzt wird, läuft das Boot auch im Seegang ruhig, ohne dauernde Aufmerksamkeit an der Pinne zu erfordern. Eine getrennte Anordnung von Kiel und Ruder deutet auf eine moderne, schnelle und lebendige Konstruktion hin.

Ein anderer wichtiger Faktor ist die Wasserlinienlänge. Das alte Sprichwort „Länge läuft immer" ist wie eh und je gültig. Wenn also ein Bootsverkäufer fromme Sprüche über die Bootsgeschwindigkeit verbreitet, dann braucht man ihn nur nach der Länge der Wasserlinie zu fragen. Danach kann man die Rumpfgeschwindigkeit ohne weiteres berechnen. Der

Zusammenhang ist einfach. Wellenlänge und Wellengeschwindigkeit stehen in direktem Zusammenhang miteinander. Eine Welle von 5 m Länge läuft schneller als eine mit nur 4 m Länge. Jedes Verdrängungsboot (für Gleitboote gelten andere Regeln) bildet seine eigene Welle. Bei optimaler Geschwindigkeit bildet sich eine Bugwelle, die dann unter dem Bootskörper entlangläuft und unter dem Heck in der Heckwelle endet. Die Länge dieser Welle, die von der Wasserlinie abhängig ist, bestimmt auch die Rumpfgeschwindigkeit.

Wie wichtig diese Rumpfgeschwindigkeit ist, zeigt sich auch am Beispiel des geschleppten Bootes. Wird eine Yacht von einem größeren oder gleitfähigen Schiff abgeschleppt und die Schleppgeschwindigkeit ist größer als die Rumpfgeschwindigkeit der geschleppten Yacht, dann kann diese in den Verbänden Schaden leiden oder über das Heck sinken.

Die Rumpfgeschwindigkeit läßt sich nach einer einfachen Formel ausrechnen:
Wurzel aus Wasserlinienlänge mal 4,5 gleich Rumpfgeschwindigkeit in Kilometern pro Stunde, wobei 4,5 schon einen optimalen Wert darstellt, der nicht von jeder Konstruktion erreicht wird.

Beispiele:
Wasserlinienlänge 5 m. $\sqrt{5} = 2{,}236 \times 4{,}5 = 10{,}06$ km/h
Wasserlinienlänge 5,50 m dementsprechend = 10,55 km/h
Wasserlinienlänge 6,00 m dementsprechend = 11,03 km/h
Wasserlinienlänge 6,50 m dementsprechend = 11,48 km/h
Wasserlinienlänge 7,00 m dementsprechend = 11,91 km/h

Länge läuft. Das stimmt im Prinzip. Jedoch spielen hier noch andere Faktoren mit hinein. Denn nur selten läuft eine Yacht an der Grenze ihrer Rumpfgeschwindigkeit. Bei weniger Wind oder wenn eine Yacht auf einer Welle reitet, können sich die Gegebenheiten erheblich verändern. Das Prinzip bleibt trotzdem.

Wenn Wasserlinienlänge, Rumpfform, Gewicht und Segelfläche einigermaßen aufeinander abgestimmt sind, wird das Boot mit der längeren Wasserlinie im Durchschnitt immer schneller sein.

Bei Gleitbooten reitet das Boot auf der Bugwelle und die Heckwelle kann bis zu sieben Bootslängen hinter dem Boot liegen. Damit kommt die Gleitjolle auf erheblich höhere Geschwindigkeiten, als die Wasserlinienlänge errechnen ließe. Oft aber wird ein Boot als Gleitjolle bezeichnet, das nur unter glücklichsten Umständen ins Gleiten kommen kann. Und wenn von Kajütbooten behauptet wird, sie kämen ins Gleiten, dann möchte ich das erst einmal gesehen haben. Selbst beim reichlich übertakelten Star ist das eine Ausnahme. Kielboote erreichen Geschwindigkeiten über der Rumpfgeschwindigkeit bestenfalls, wenn sie einmal auf einer Welle reiten (surfen).

Das wollte ich in aller Ausführlichkeit gesagt haben, weil es an tollen Geschwindigkeitsvergleichen auf Ausstellungen nie fehlt. Da überholen kleine Kajütkielboote größere Rennkielyachten, — zumindest auf dem Ausstellungsstand. Schön wäre es!

Etwas anderes ist es mit der Breite. Heute baut man mehr in die Breite als früher. Das hat zwei Vorteile. Einmal werden die Kajütkielboote durch die größere Breite wohnlicher, zum anderen haben breite Boote eine höhere Formstabilität. Selbst bei geringerem Ballastgewicht segeln sie steifer als schmale Boote. Breite, vor allem in dem über Wasser liegenden Teil des Rumpfes, bringt Reservestabilität.

Noch ein paar Bemerkungen zur Sicherheit bei Jollen. Schwertboote sollten grundsätzlich genügend Auftrieb haben, um auch noch im vollgeschlagenen Zustand die Besatzung tragen zu können. Bei Kunststoffbooten sind durch Lufttanks oder Doppelschalenbauweise meist genügend „Lufteinschlüsse“ eingearbeitet. Ist das nicht der Fall, dann müssen unbedingt nachträglich Auftriebskörper angebracht werden. Am einfachsten ist es, aufblasbare Gummi- oder Kunststoffbehälter unter den Seitendecks zu befestigen. Besser ist es noch, unter dem Vordeck und im Heck — wenn dafür Platz vorhanden ist — Styroporblöcke unterzubringen. Luftkästen können durch eine Kollision undicht werden, Styroporblöcke sind praktisch unverletzbar. Auftriebsmittel im Bug und im Heck haben zudem den Vorteil, daß das Boot bei einer Kenterung nicht zu hoch auf der Seite aufschwimmt und deswegen durchkentert (Mast senkrecht nach unten). Im Idealfall liegt das Boot im gekenterten Zustand

etwa zur Hälfte im Wasser, das Segel treibt auf dem Wasser. Diese Schwimmlage im gekenterten Zustand kann noch durch schwimmfähige Masten unterstützt werden.
Aus dieser halbgekenterten Lage lassen sich Jollen mit einiger Übung wieder aufrichten, indem die Mannschaft auf das Schwert steigt. Bei schweren Booten, wie beispielsweise Conger oder H-Jolle, ist das Aufrichten nicht mehr so leicht, wenn nicht gar unmöglich. Jedenfalls gilt es heute für einen Jollensegler nicht mehr als „unehrenhaft", mal in den Bach zu gehen. Regattasegler trainieren das Kentern und Aufrichten regelrecht.
Aus dem aufgerichteten Boot muß das restliche Wasser, das im Bootskörper geblieben ist, schnellsten herausgebracht werden. Dazu sind Lenzöffnungen im Heck oder Lenzventile im Bootsboden erforderlich. Es ist bedauerlich, daß bei vielen Jollen gerade die Sicherheitseinrichtungen wie Lufttanks und Lenzventile als Extras bezahlt werden müssen.
Horizontal verlaufende Seitendecks geben dem Anfänger mehr ein Gefühl der Geborgenheit als solche, die zum Cockpitboden hin abgerundet sind. Diese horizontalen Seitendecks sollten an der Cockpitseite weder scharfe Kanten noch aufgesetzte Leisten haben. Beim Ausreiten schneiden scharfe Kanten derart in die Beine, daß man es unmöglich längere Zeit aushalten kann. Abgerundete Seitendecks sind deshalb fürs Ausreiten besser geeignet. Außerdem ist man bei einer Bö viel schneller oben, wenn man sich nicht erst über eine Deckskante hochhangeln muß. Und schließlich nimmt eine Jolle mit abgerundeten Seitendecks beim Aufrichten nach dem Kentern weniger Wasser auf. Das meiste Wasser fließt über die gewölbten Seitenwände aus dem Boot heraus.

Moderne Jollen sind Rundspanter mit Gleiteigenschaften.

Beim Kauf eines Kajütkielbootes kann man sich an folgende grobe Normen halten:

1. *Länge (in der Wasserlinie) läuft.*
2. *Getrennte Kiel-Ruder-Anordnung deutet auf ein schnelles und lebendiges Boot hin.*

3. Hohes Verhältnis Länge zur Breite (3 : 1) bietet Wohnlichkeit und viel Formstabilität.

Das Rigg

Einmann-Boote sind catgetakelt, das heißt, sie haben ein Großsegel, das an Mast und Großbaum gefahren wird, kein Vorsegel.
Ausgehend vom Finn-Dinghy wurde die Cattakelage bis in letzte Feinheiten perfektioniert. Das flexible Rigg entstand. Der Mast steckt drehbar im Deck und ist völlig unverstagt. Bei wenig Wind steht der Mast aufrecht und das Segel bleibt bauchig. Je stärker der Wind auffrischt, desto stärker wird der Druck auf den Mast. Der Mast biegt sich peitschenartig und das Segel wird dadurch flacher gezogen. Die Elastizität des Mastes wird auf das Körpergewicht des Seglers abgestimmt. Ebenso muß natürlich auch das Segel der Flexibilität des Riggs angepaßt sein. Ein leichter Steuermann benötigt ein flexibleres Rigg als ein schwerer Steuermann. Denn während der schwere Steuermann bei zunehmendem Wind den Druck eines bauchigen Segels durch sein Körpergewicht ausgleichen kann, muß der leichtere Steuermann unter gleichen Bedingungen das Segel flacher ziehen, um damit den Druck zu vermindern.
Dieses flexible Rigg hat sich bei fast allen Rennklassen durchgesetzt, selbst bei großen Rennkielbooten, bei denen das flexible Rigg nur mit Hilfe einer raffinierten Verstagung erreicht werden kann.
Außer den Einmann-Booten sind praktisch alle anderen Boote, die im Rahmen dieses Buches interessieren, slupgetakelt. Die Slup hat heutzutage normalerweise ein dreieckiges Großsegel (also kein Gaffelsegel), das an Mast und Großbaum gefahren wird, und ein Vorsegel. Sofern durch Klassenvorschriften nicht anders festgelegt (beispielsweise Starboot), dürfen verschieden große Vorsegel gefahren werden. Üblich sind die besonders kleine Sturmfock, die Normalfock und die große Genua. Dazu kommt meist noch als Spezialsegel für raume oder achterliche Kurse der Spinnaker. Auch Jollen fahren heute meist Spinnaker und Genua.
Wird ein Boot segelfertig angeboten, so ist es im allgemeinen mit Großsegel und Fock ausgerüstet. Sturmfock, Genua und Spinnaker samt Spin-

nakereinrichtung müssen nachgekauft werden. Dabei kann man von der Faustregel ausgehen, daß der Quadratmeter Kunststofftuch im Durchschnitt um die 40 DM kostet. Leichte Tücher, speziell für den Spinnaker, sind meist billiger, schwere Tücher, vor allem für die Sturmfock, teurer. Bei den kleinen Jollen wird man sich — sofern man keine Regattaambitionen hat — besonderen Aufwand bei den Segeln sparen. Bei den kleinen Kajütkielbooten jedoch, die fast ausnahmslos keine Geschwindigkeitsprotze sind, wird man früher oder später zumindest die Genua dazukaufen, um das Boot wenigstens eingermaßen schnell zu machen. Aus Sicherheitsgründen kann auch eine Sturmfock nicht schaden. Der Anfänger wird sich den Spinnaker zunächst sparen. Wenn er mit dem Boot erst einmal zurechtkommt und sich darauf eingesegelt hat, sollte aber auch er an den Spinnaker denken. Damit wird dem Ganzen sozusagen erst die seglerische Krone aufgesetzt.

Baumwolle hat seit Jahren als Segelmaterial endgültig ausgedient. Heute verwendet man praktisch nur noch Kunstfaser-Segeltuch. Es erwies sich als unempfindlicher gegen falsches Eintrimmen, vor allem aber auch gegen Feuchtigkeit. Die Qualitäten können sehr unterschiedlich sein. Man beachte, daß renommierte Segelmacher Touren- oder Regattasegel anbieten. Steife Tuche stellen weniger Anforderungen an den Trimm, elastische umsomehr.

Nun noch zu den Angaben der Segelfläche. Auf einen einfachen Nenner gebracht: Je mehr Segelfläche ein Boot tragen kann und auch tatsächlich trägt, desto schneller ist es. Hersteller, vor allem unvermessener Boote, nutzen deswegen gern die maximale Segelfläche für die Werbung aus. Sie kommen dabei oft auf Quadratmeterzahlen, die denen der vermessenen Boote weit überlegen zu sein scheinen.

Um überhaupt auf einigermaßen vergleichbare Zahlen zu kommen, kann man sich in etwa an folgende Normen halten:

✳ Bei kleineren Jollen, ob Klasse oder nicht, wird im allgemeinen die tatsächliche Segelfläche, also die Summe aus Großsegel und Fock, als

Quadratmeterzahl angegeben. Beispiel: Vaurien Segelfläche 8,10 qm (Großsegel 5,60 qm, Fock 2,50 qm).

✳ Bei größeren Klassen-Booten, die verschiedene Vorsegel fahren können, wird normalerweise nur die vermessene Segelfläche angegeben. Diese setzt sich aus dem Großsegel und dem sogenannten Vorsegeldreieck zusammen. Das Vorsegeldreieck errechnet sich aus der Taklungshöhe am Mast und der Basis über Deck zwischen Mast und Vorstag. Alle überlappenden Teile der Vorsegel, die am Mast vorbei nach achtern reichen, werden nicht vermessen.

Beispiel: 15-qm-Jollenkreuzer, vermessene Segelfläche 15 qm (Großsegel 10,76 qm und Vorsegeldreieck 4,20 qm. Das Verhältnis Großsegel zu Vorsegeldreieck kann bei dieser Konstruktionsklasse auch etwas anders sein). Aber schon mit der Normalfock kommt der 15er tatsächlich auf ca. 17 qm und mit Genua sogar auf rund 22 qm.

✳ Bei IOR-Yachten ist die Diskrepanz zwischen der vermessenen und der tatsächlichen (Am Wind-) Segelfläche noch größer. Hier das Beispiel für eine 21 ft-Yacht: Großsegel gewertet 13,89 qm, tatsächlich jedoch einschließlich des Tuches in der Achterlieksrundung 18,93 qm. Vorsegeldreieck vermessen 25,83 qm (berechnet wird die Dreiecksfläche, die sich aus I = etwa Masthöhe und J = Basis samt Korrekturen ergibt). Vermessene Segelfläche demnach 39,72 qm. Größtmögliche tatsächliche Segelfläche — auch als Am-Wind-Segelfläche bezeichnet — jedoch 18,93 qm Großsegel und ca 27 qm Genua, zusammen also ungefähr 46 qm.

Will man also speziell bei den Kajütkielbooten die Herstellerangaben vergleichen, so muß man den Verkäufer stets fragen, von welcher Segelfläche er nun eigentlich spricht:

1. von der nach IOR vermessenen?

2. von der segelfertig gelieferten, also meist Großsegel und Normalfock, mit den tatsächlichen Quadratmeterzahlen?

3. oder von der tatsächlich maximal größten Segelfläche mit Großsegel und Genua?

Bei der bereits erwähnten 21 ft-Yacht mit ca 2,5 t Gewicht und einer Wasserlinienlänge von ca. 6,40 m, ergeben sich folgende unterschiedliche Angaben zur Segelfläche:

1. = 39,73 qm, 2. = 28,63 qm, 3. = 46,00 qm.

Man sieht also, daß mit den Angaben zur Segelfläche ganz erheblich manipuliert werden kann. Aus den Verkäuferangaben geht nicht immer klar hervor, um welche Segelfläche es sich nun wirklich handelt.
Kleine Kajütkielboote sind heute fast ausnahmslos toppgetakelt. Das Vorstag und damit auch das Vorliek des Vorsegels reichen bis zum Masttopp und setzen nicht — wie früher üblich — etwa im zweiten Drittel der Masthöhe an. Das hat drei Gründe. Einmal hat man festgestellt, daß eine lange vordere Anschnittskante für die Bootsgeschwindigkeit sehr entscheidend ist. Zum anderen kann man die Größe des Vorsegels viel mehr variieren und für die jeweiligen Gegebenheiten (Kurs und Wind) ein entsprechendes Vorsegel setzen. Und schließlich haben wir bei dem Beispiel der IOR-Yacht gesehen, daß vom Vorsegeldreieck nur ein Teil gewertet wird. Ein großes Vorsegeldreieck wird also bei der Vermessung weniger bestraft als ein zu großes Großsegel.
Die ideale Lösung für das Rigg eines kleinen Kajütkielbootes kann man heute vielleicht verallgemeinernd so darstellen: Maximale Masthöhe, um viel Fläche im Vorsegeldreieck unterzubringen, schmales Großsegel mit einem Großbaum, der relativ hoch über Deck steht, um den Flächenanteil des Großsegels nicht zu groß werden zu lassen. Als Faustregel kann man nehmen, daß die Taklungshöhe am Mast etwa dem dreifachen Wert der Taklungslänge am Großbaum entspricht. Beispiel: Unterlieksläge des Großsegels am Großbaum 2,5 m und Vorlieksläge am Mast 7,5 m.
Flexible Riggs kann man bei den meist preiswerten kleineren Kajütkielbooten nicht verlangen. Sie wären bei der Topptakelung auch nur mit viel Aufwand zu verwirklichen. Dafür sollte man auf gute Qualität der Segeltücher achten, wenn man das Boot einigermaßen schnell machen will. Bootsverkäufer werden es einem Käufer nicht übelnehmen, wenn er auf das bei Serienbooten meist recht einfache Standard-Tuch verzichtet. Eine gute Werft wird den Käufer sogar beraten und ihn eventuell mit ent-

sprechenden Segelmachern in Verbindung bringen. Im Zweifelsfall wird der Kaufpreis der Segel vom Bootspreis abgezogen, und der Käufer setzt sich direkt mit einem Segelmacher seiner Wahl zusammen. Auf den Bootsausstellungen sind meist auch die bekannteren Segelmacher vertreten. Man hat also dort alles recht günstig beisammen.

Mit einem gut zu trimmenden Tuch kann man nämlich die Nachteile des steifen Riggs wenigstens einigermaßen ausgleichen. Fährt man dagegen sehr steife Tücher an einem steifen Rigg, dann bleibt zur Erreichung guter Segeleigenschaften nichts anderes, als für die verschiedenen Wind- und Wetterverhältnisse jeweils entsprechende Segel zu setzen. Bei einem trimmbaren Tuch dagegen kann man durch mehr oder weniger steifes Durchsetzen des Vorlieks und des Unterlieks den Stand des Segels beeinflussen, es etwas flacher ziehen oder bauchiger stehen lassen.

Der Anfänger oder Sonntagsskipper mag das Trimmen für Fanatismus der Regattasegler halten. Das stimmt nicht. Denn ein möglichst aufrecht segelndes Schiff (mit flachgezogenen Segeln) gewährleistet Geschwindigkeit und Sicherheit. Neuerdings kommen daher auch wieder Takelungsarten zum Zuge, bei denen das Vorstag — und damit das Vorsegel — nicht mehr bis zum Masttopp reicht (beispielsweise 7/8 Takelung), um einen besseren Masttrimm (Mastbiegung) zu ermöglichen.

Bei Rennbooten wird heute fast nicht mehr gerefft. In einigen Klassen ist es sogar üblich, überhaupt keine Reffeinrichtung mehr einzubauen. Jollen und Kajütkielboote, die nicht ausschließlich für härteste Konkurrenzen gedacht sind, sollten grundsätzlich eine Reffeinrichtung haben. (Leider auch oft nicht serienmäßige Ausstattung, sondern Aufpreis-Extra.) Bei Jollen genügt es vollkommen, wenn der Großbaum auf einem Vierkant im Großbaumhalsbeschlag steckt. Wird der Baum vom Vierkant heruntergezogen, dann kann man ihn drehen und das Segel zum Reffen auf den Großbaum wickeln. Diese einfache Methode ist möglich, da die auftretenden Kräfte nicht allzu groß werden können und vom Großsegelfall bis zur Großschot alles nahe beieinander und in Griffnähe liegt.

Anders ist es bei den größeren Booten, vom Jollenkreuzer an bis zu den Kajütkielbooten. Wenn sie eine Reffeinrichtung haben, dann meist einen

	A	B	C
Deck doppelwandig (bei Kunststoff)	....	....	....
Zwischenlage Holz oder Schaumstoff	....	....	....
Kajütaufbau doppelwandig	....	....	....
Kajütaufbau Isolierschicht	....	....	....
Rumpfseiten in Kajüte isoliert	....	....	....
Rumpfseitenwände im Vorschiff isol.	....	....	....
Lüfter für Kajüte	....	....	....
Bullaugen zum Öffnen	....	....	....
Kajütschott abschließbar	....	....	....
Kajütschott mit Lüftung	....	....	....
Brückendeck zwischen Plicht u. Kajüte	....	....	....
Schiebeluk mit Spritzkappe	....	....	....
Festes Einstiegluk ohne Schiebedach	....	....	....
Backskiste in der Plicht	....	....	....
2 Backskisten in der Plicht	....	....	....
Stauraum im Achterschiff	....	....	....
Schwalbennester in der Plicht	....	....	....
Gräting für Plichtboden	....	....	....
Holzleisten für Sitzbänke (bei GFK)	....	....	....
Vorluk (groß genug zum Durchstieg)	....	....	....
Fußreling mit Speigatten	....	....	....
Handreling auf Kajütdach	....	....	....
Bugkorb	....	....	....
Seereling	....	....	....
Seereling mit zwei Drahtläufen	....	....	....
Heckkorb	....	....	....
Scheuerleiste	....	....	....
Unterwasserschiff Kupfer	....	....	....
Unterwasserschiff Antifouling	....	....	....
Unterwasserschiff Gleitfarbe	....	....	....
Wasserpaß	....	....	....
Auftriebsmittel (Luftkästen usw.)	....	....	....
Belegklampe vorn	....	....	....
Zwei Klüsen für Festmacher vorn	....	....	....

	A	B	C
Belegklampe(n) achtern	....	....	....
Zwei Klüsen für Festmacher achtern	....	....	....
Plichtboden rutschfest	....	....	....
Deck rutschfest	....	....	....
Pinne hochklappbar	....	....	....
Pinnenarretierung	....	....	....
Flaggenstockhalter	....	....	....
Travellereinrichtung für Großschot	....	....	....
Schotwinschen für Vorschot	....	....	....
Genuaschienen mit Leitösen u. Blöcken	....	....	....
Schotklemmen für Vorschot	....	....	....
Schotklemme für Großschot	....	....	....
Persenning über alles	....	....	....
Segelpersenning	....	....	....
Zeltpersenning für Plicht	....	....	....
Persenningtür für Kajütschott	....	....	....

Motor

Außenborder	....	....	....
Motorbock	....	....	....
Halterung am Spiegel für Motorbock	....	....	....
Motorschacht	....	....	....
Innenborder	....	....	....
Innenborder mit Wendegetriebe	....	....	....
Faltpropeller oder Verstellpropeller	....	....	....
Elektrischer Anlasser	....	....	....
Batterie	....	....	....
Auspuff gekühlt, isoliert	....	....	....
Schwingungsarme Lagerung	....	....	....
Motorwanne	....	....	....
Geräuschdämpfung des Motorraums	....	....	....
Lüftung des Motorraums	....	....	....
Elektrische Gebläse-Zwangsentlüftung	....	....	....

	A	B	C
Einbautank (rostfrei)	....	....	....
Tankentlüftung an Deck	....	....	....
Tankstutzen an Deck	....	....	....
Armaturen (spritzwassergeschützt eingebaut: Ampèremeter, Benzinstandsanzeiger, Temperaturanzeiger, Geschwindigkeitsmesser usw.)	....	....	....
Feuerlöscher	....	....	....
Elektrische Anlage			
Lichtmaschine	....	....	....
Topplicht	....	....	....
Salingleuchte	....	....	....
Positionslampen (Backbord, Steuerbord, Hecklicht) mit Attest	....	....	....
Leuchte(n) in der Kajüte	....	....	....
Leuchte im WC-Raum	....	....	....
Leuchte(n) im Vorschiff	....	....	....
Ventilator für Lüfter	....	....	....
Elektrische Lenzpumpe	....	....	....
Gasspürgerät	....	....	....
Elektrische Wasserpumpe (Pantry)	....	....	....
Steckkontakt in Kajüte	....	....	....
Steckkontakt in Plicht	....	....	....
Karten-Leselampe	....	....	....
Sicherungskasten	....	....	....
Kajüteinrichtung			
Vorpiek (als Stauraum abgeschottet)	....	....	....
Kojen im Vorschiff	....	....	....
Polster für Kojen	....	....	....
Ablageborde oder Kästen	....	....	....
Höhe im Vorschiff (zwischen Kojen)	....	....	....

	A	B	C
Vorschiff nach achtern abgeschottet			
Stauraum unter Kojen			
WC eingebaut			
WC-Raum abgeschottet			
Schrankraum (Kästen) für Waschzeug			
Waschgelegenheit im WC-Raum			
Waschgelegenheit mit fließend Wasser			
Kleiderschrank			
Zoll-Schrank (gesonderter Schrank mit Plombe verschließbar)			
Ölzeugschrank			
Wertsachenschrank m. Sicherheitsschloß			
Ablageborde mit Kästen			
Zwei Sofakojen			
Zwei Sofakojen mit Polster			
Zwei Sofakojen mit Rückenlehnen			
Zwei Sofakojen als Hundekojen			
Pantry			
Pantry mit Stauraum für Geschirr, Vorräte, Flaschenhalterung			
Nirostaspüle			
Kocher			
Kocher halbkardanisch aufgehängt			
Kocher mit Schlingergestell			
Trinkwassertank (Liter ....)			
Trinkwassertank, Wasserstand kontrollierbar			
Trinkwassertank, Einfüllstutzen an Deck			
Trinkwasserpumpe			
Seewasserpumpe			
Außenbordabfluß der Spüle mit Seeventil			

	A	B	C
Tisch für Kajüte	....	....	....
Tisch-Halterungen in der Plicht	....	....	....
Kartentisch und Kartenablage	....	....	....
Verglasung aus Sicherheitsglas	....	....	....
Stauraum unter Kojen	....	....	....
Stauraum in der Bilge	....	....	....
Rigg			
Mast und Baum Holz	....	....	....
Mast und Baum Alu	....	....	....
Mast und Baum Alu ausgeschäumt	....	....	....
Vergrößertes Binnenrigg (Bodenseerigg)	....	....	....
Falle im Mast laufend	....	....	....
Fallwinschen	....	....	....
Mast und Baum mit Nut für Großsegellieken	....	....	....
Mast und Baum mit Schiene und Rutschern	....	....	....
Verklicker	....	....	....
Flaggleine	....	....	....
Fock (qm ....) mit Segelsack	....	....	....
Genua (qm ....) mit Segelsack	....	....	....
Großsegel (qm ....) mit Segelsack	....	....	....
Spinnaker (qm ....) mit Segelsack	....	....	....
Sturmfock (qm ....) mit Segelsack	....	....	....
(alle Segel Kunststoff)			
Spinnaker-Einrichtung komplett (mit Baum, Schiene am Mast, Fall, Toppnant, Niederholer, Schotholepunkte, Schot)	....	....	....
Reffeinrichtung (Bindereff)	....	....	....
Reffeinrichtung (Drehreff)	....	....	....

	A	B	C
Wanten und Stage Nirosta	....	....	....
Drahtfalle Nirosta	....	....	....
Spanner für Wanten und Stage	....	....	....
Dirk	....	....	....
Baumniederholer	....	....	....
Vorliekstrecker	....	....	....
Unterliekstrecker	....	....	....
Alle Beschläge nichtrostend	....	....	....
Fallen und Schoten aus Diolen	....	....	....
Schoten aus Baumwolle	....	....	....
Doppeltes Vorstag	....	....	....
Doppeltes Fockfall	....	....	....
Festes Vorstag mit Nut			
Fockroller			
Trimmbares Achterstag			

Seemännische Ausrüstung

Anker	....	....	....
Ankerleine	....	....	....
(evtl. Kettenvorlauf oder Kette)	....	....	....
2 Festmacher (jeweils ca. der Bootslänge entsprechend)	....	....	....
2—4 Fender	....	....	....
1 Bootshaken	....	....	....
Großsegelpersenning	....	....	....
Baumstütze (statt Dirk)	....	....	....

Bootszubehör

Rettungsring(e)	....		
Rettungsinsel (bei seegehenden Yachten)	....		
Beiboot (bei festem Liegeplatz an der Boje)	....		

Handlenzpumpe (Reserve) ....
Notsignal-Ausrüstung ....
Verbandskasten ....
Sicherheitsgurte mit Leinen ....
Wasserdichte Stablampe ....
Navigations-Ausrüstung (mindestens Kompaß, Radio und Fernglas im Küstenbereich und auf größeren Gewässern) ....
Flaggenstock ....
Nationalflagge ....
Flaggen d. zu besuchenden Gastländer ....
Internationaler Signalflaggensatz ....
1 bis 2 Eimer ....
Schrubber, Bürste, Lappen ....
Kocher ....
Töpfe und Pfannen ....
Geschirr und Bestecke ....
Seglermesser mit Marlspieker ....
Werkzeug (mit Drahtschere zum Kappen) ....
Schrauben und Bolzen (Reserve) ....
Schäkel und Karabinerhaken (Reserve) ....
Leinen, Takelgarn, Nadel, Faden ....
Klebebänder ....
Alleskleber ....
Wasserdichte Säcke ....
Kanister für Wasser, Kraftstoff Petroleum usw. ....
Badeleiter ....

Pro Person

Bootsschuhe ....
Seestiefel ....

Ölzeug ....
Schwimmweste ....
Schlafsack ....
Kissen (wasserfest, schwimmfähig) ....

Fürs Auto

Anhängerkupplung mit Montage ....
Bootstrailer ....

Bemerkung: Auch bei dieser Liste wurde versucht, möglichst komplett zu sein, ohne bei einigen Dingen zu sehr ins Detail zu gehen. So könnte man beispielsweise noch nach dem Material des Ballastes fragen (Eisen, Blei). Doch hat in dieser Beziehung der Käufer kaum eine Wahl bei Serienbooten und Bleiballast dürfte durchaus Seltenheitswert haben.
Sie müssen den Verkäufer, wenn er auf Ausstellungen gerade alle Hände voll zu tun hat, nicht mit all diesen Fragen löchern. Wenn er sein Boot guten Gewissens verkaufen kann, wird er zwar gegen gezielte Fragen nichts einzuwenden haben, aber auch Verkäufer können mal unter Druck stehen. Verlangen Sie dann vorläufig nur Prospekt und komplette Preisliste. Vergleichen Sie diese mit der Checkliste. Dann können Sie zum Verkäufer zurückkehren und brauchen vielleicht nur noch einige offene Punkte zu klären. Richten Sie sich jedoch nur nach dem, was Sie schriftlich sehen. Lassen Sie sich nicht durch die Ausrüstung des Ausstellungsbootes beeindrucken. Vieles davon gibt es vielleicht nur am Ausstellungsboot, jedoch nicht serienmäßig, eventuell noch nicht einmal gegen Aufpreis.

Rumpf-Querschnitte

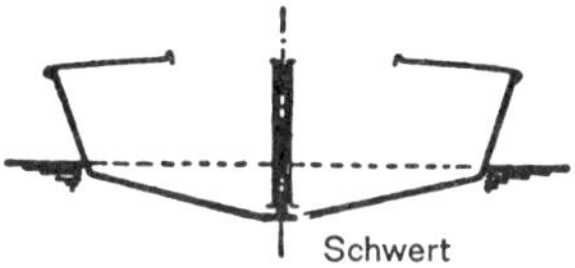

Knickspant-Jolle

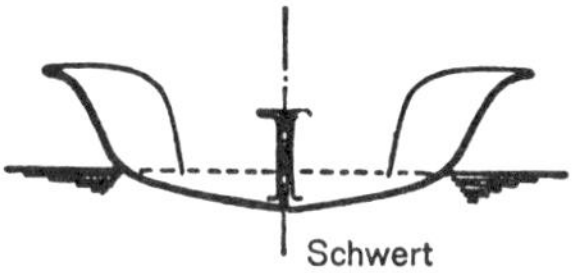

moderne Rundspantjolle

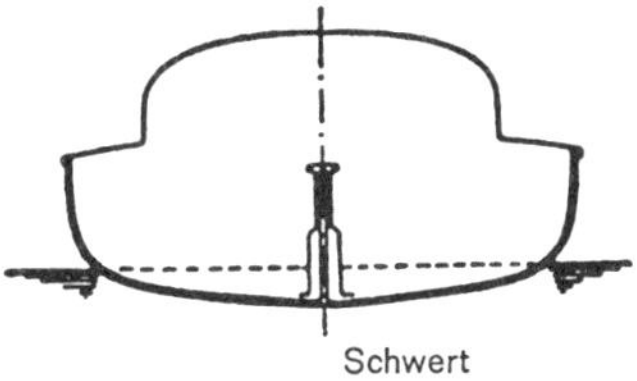

Jollenkreuzer

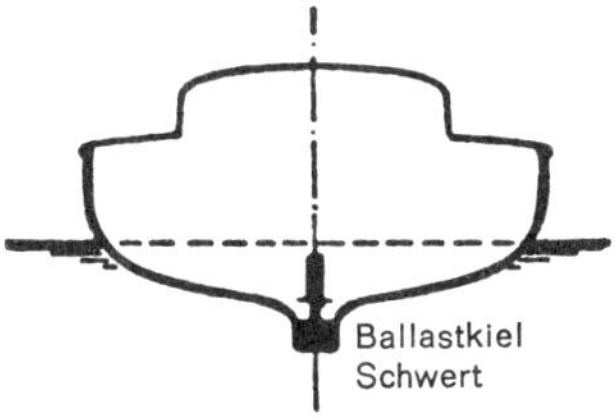

Kielschwerter

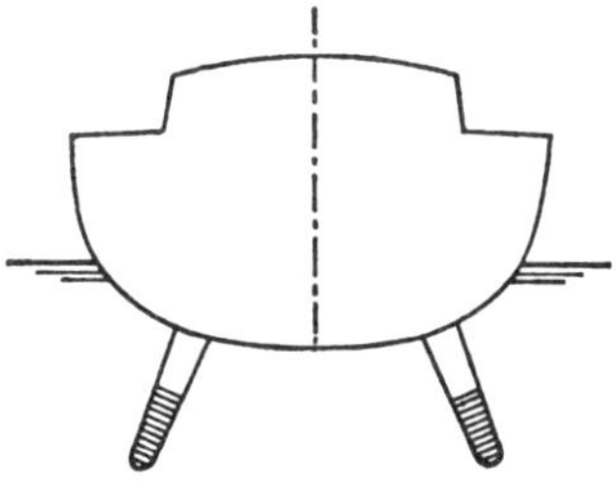

Kimmkieler

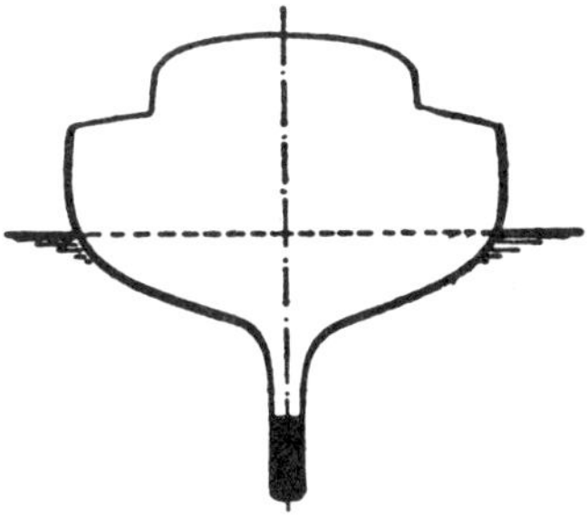

Kielyacht

Rundspant-Beplankungen

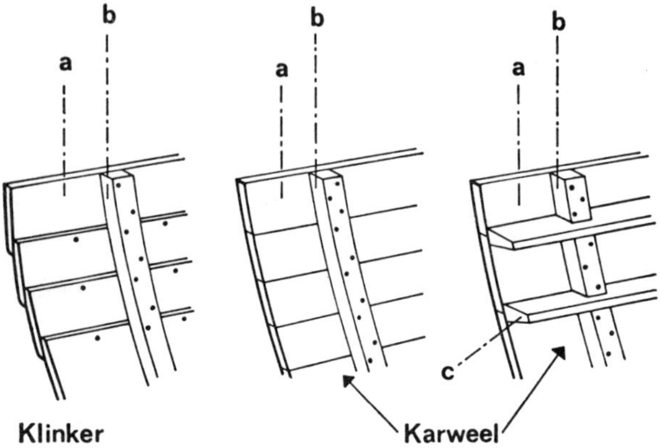

a) Außenhautplanken; b) Querspanten; c) Längsspanten

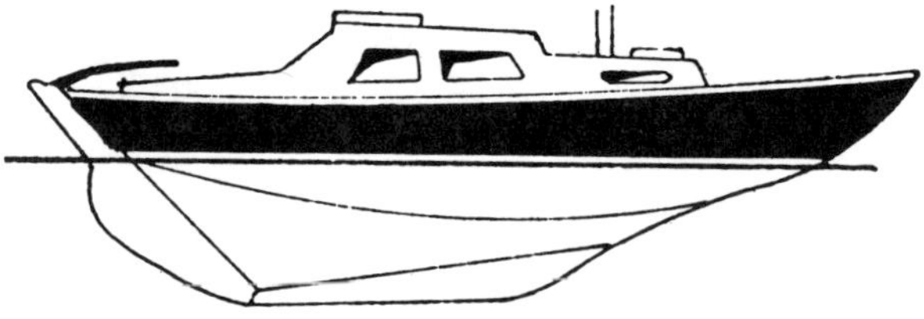

Kielyacht in traditioneller Bauart

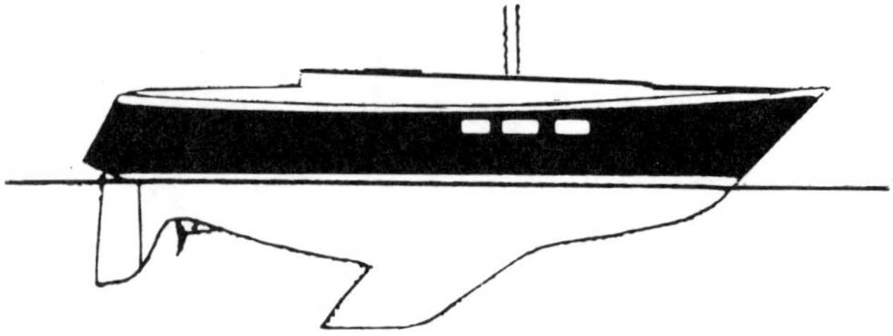

Kielyacht mit modernem Unterwasserschiff

Kleiner Kielschwerter (Varianta) mit toppgetakeltem Rigg

Einrichtungsplan

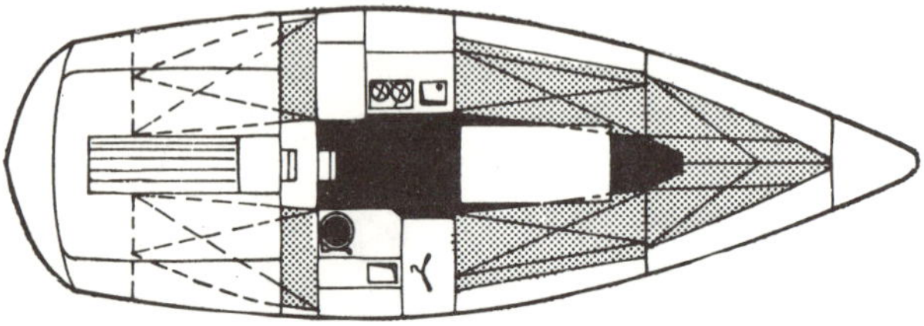

Beispiel mit Pantry und WC achtern in der Kajüte
(Forgas 31, 9,30 m Lüa, 3,20 m Breite)

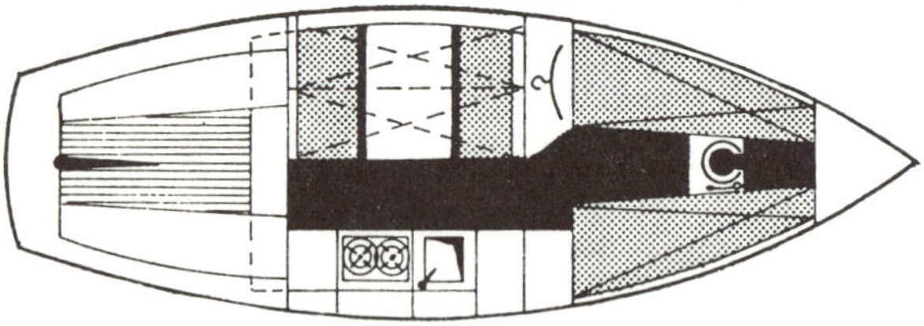

Beispiel mit Dinette (Lotus, 7,50 m Lüa, 2,40 m Breite)

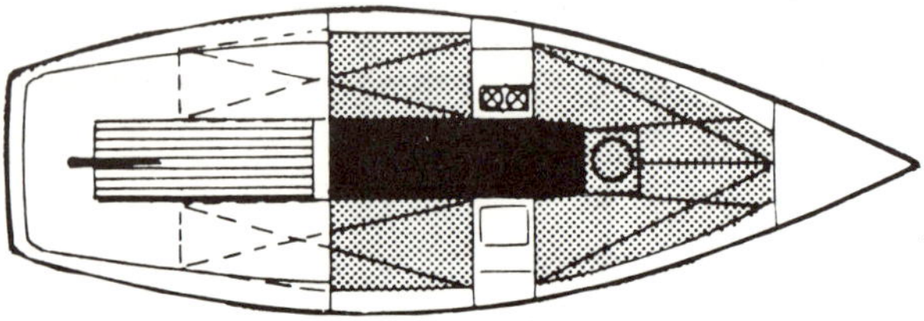

Beispiel kleines Kajütkielboot
(Sunbeam S 22, 6,70 m Lüa, 2,15 m Breite)